回家／回家

张涤生 著

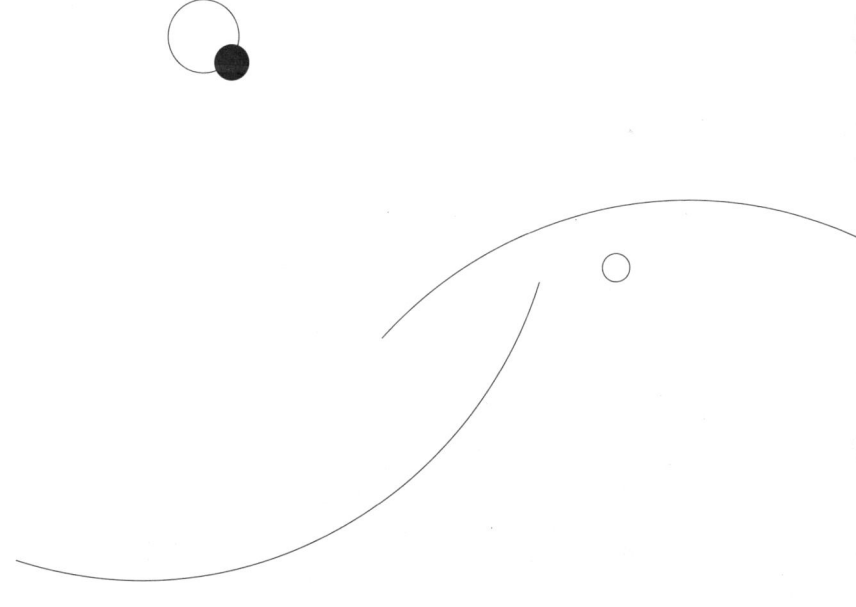

文匯出版社

图书在版编目（CIP）数据

回家　回家 / 张涤生著. -- 上海：文汇出版社，2020.11
ISBN 978-7-5496-3321-0

Ⅰ. ①回… Ⅱ. ①张… Ⅲ. ①长篇小说—中国—当代 Ⅳ. ①I247.5

中国版本图书馆CIP数据核字(2020)第190458号

回家　回家

作　　者 / 张涤生
责任编辑 / 乐渭琦
特约编辑 / 郑　红
书名题字 / 蒋玉林
装帧设计 / 薛　冰

出 版 人 / 周伯军

出版发行 / 文匯出版社
　　　　　　上海市威海路755号
　　　　　　（邮政编码200041）
经　　销 / 全国新华书店
照　　排 / 上海歆乐文化传播有限公司
印刷装订 / 启东市人民印刷有限公司
版　　次 / 2020年11月第1版
印　　次 / 2020年11月第1次印刷
开　　本 / 890×1240　1/32
字　　数 / 120千字
印　　张 / 7.875

ISBN 978-7-5496-3321-0
定　　价 / 32.00元

前言

本书是"最后一代外省人系列"的第二部。本系列计划由四部不同背景的小说构成,描述的是一九四九年随国民党赴台湾的两百多万出生在大陆的外省人及其后代,在中国大陆、台湾地区及其美国三地的遭遇、困惑和成长,并反映这三地的经济与社会环境之变化。

第一部《哥儿们》简体版已由上海的文汇出版社出版发行,繁体版则由台湾方集出版社出版发行。该书以台湾眷村为背景,讲述的是一九四九年至二〇一〇年期间,台湾岛内近几十年的经济与社会的进步与变化,演绎出部分江湖帮派人士的形成与成长。

第二部《回家 回家》是以"家"为核心,讲述文化的传承与乡土观念的结合。本书以恋爱故事为经、生活环境为纬,主要呈现的时段是二十世纪八十年代初期到二十一世纪初期,描绘了当时所经历的中美两地的时代背景。

第三部《祖国 祖国》(暂名),则是描述二十世纪七十年代在美国的保钓运动,反映出当时台湾留学生的爱国情操,以及中美两地的国情变化。

第四部《红流　洪流》(暂名)，围绕着台商在大陆的一些故事，讲述中国经济和社会在近几十年中的突飞猛进与巨大变化，以及相应的人性变换。

这是一个充满变数和机会的时代，有战乱遗留的创伤，也有治愈创伤开启的盛世，就看你在这激流汹涌中，是趁势而上还是被潮流淹没，而相对特定的人群，在当时又何以自处。历史是现实最好的借鉴，故以此文自勉之。

张涤生于沪上待贾轩

二〇一九年一月七日

 主要人物简介

谭湘生　　大陆出生,在台湾受教育,赴美留学,并在美成家立业,因公司派赴上海,与林雅芳产生一段恋情,后被妻子孙毓晶发觉,在不知雅芳怀孕的情形下返美。二十年后再度回到上海,偶遇雅芳,方知悉已有一女,因女儿晓丽身患沉疴,而其子为此方面专家,但在返美治疗后,与雅芳、晓丽的旧事曝光,湘生答应毓晶不再与她们联系。后湘生身患绝症,再度赴家乡了却其一生的夙愿。

林雅芳　　毕业于复旦大学,后因工作接触,与湘生产生情愫,在湘生返美后,不顾父母反对,诞下一女晓丽,独自将其抚养长大,自己也营商致富;二十年后再遇湘生,因女儿生病,无奈之下,在湘生的帮助下,偕同晓丽赴美就医。当得知湘生身患绝症,雅芳陪伴他完成生前最后愿望。

张晓丽　　多年后,湘生重返上海,于街头偶遇雅芳,并相约再见。但晓丽因是私生女,对父亲不谅解,拒不相认。后晓丽因被诊断出脑瘤,需要

	赴美治疗，痊愈后返回上海，仍不谅解其父，直至湘生临终，方认祖归宗。
孙毓晶	谭湘生妻，因出身显贵家庭，并在事业上取得成功，颐指气使，因此夫妻感情不睦，至发现湘生有婚外情，赶往上海，逼迫湘生返美。此后二十年间，夫妇两人处于冷战状态。但在获悉湘生身患绝症后，毓晶终允湘生返回祖国，成全其愿望。
谭子如	谭湘生之子，脑神经外科专家，对父亲由生疏而转为同情。
谭嘉善	谭湘生之父，住洛杉矶老人公寓，后中风，遗愿归葬故乡。
颜如玉	谭湘生之母，住洛杉矶老人公寓。
夏人杰	洛杉矶老人公寓居民，1949年之前曾在大陆国民党政府中任市长，有些官僚习气。
何敏慧	夏人杰之妻，大户人家出身，唯相夫教子，恪尽妻责，不幸身患老年痴呆症。
夏子黔、夏子扬、夏子台	夏人杰之子。

钱　瑶	夏子黔之妻。
汤　尼	夏子黔之子。
王伯母	老人公寓居民，孤身一人，只有女儿王倩留居大陆，却失去音讯，后委托湘生代为办理后事及寻找王倩。
王　倩	王伯母之女，为山区儿童奉献，在贵州毕节从事支教工作。
陈　重	王倩之夫，两人志同道合，在山区艰难环境中从事支教工作。
刘亚民	老人公寓居民，原国民党将军，原配姚爱月及长子志国留居大陆，如夫人曾淑容随其赴台，另两儿子忠国、建国皆在美。亚民思乡情绪强烈。
曾淑容	刘亚民之如夫人，不愿赴大陆，亦不想将亚民的遗产给予大陆亲人，仅委托湘生将亚民骨灰送回家乡。
姚爱月	刘亚民之原配，留居大陆，长子志国因"文革"中受辱，出外当铁路工人失踪，长媳投江自杀，与孙儿刘东相依为命。

刘　东	刘亚民之孙,环境养成极端自私性格,雅芳之初恋,为前途与王将军之女王梅结婚,但婚后仍纠缠雅芳,在获知其祖父已去世,却并未留遗产给他,使得他赴美的梦幻灭,后舍弃祖父骨灰而去。
林国标	刘亚民之旧部,只身在美,家乡有青梅竹马女友春桃,在两人婚嫁前夕,被军阀抓去当兵,抗日战争胜利后返乡时,探知春桃已嫁与邻村林家,并有身孕,生子林海,实为林国标之骨肉。
林国强	林国标之堂弟。
林　海	实为林国标之子,但本人不知。育有一女,雅芳。
夏　娴	林海之妻,林雅芳之母。
刘忠国、刘建国	刘亚民之子。

目 录

前言

忧愁风雨
1.老人公寓 / 003
2.生、老、病、死 / 024

雁南归
1.故国情思 / 033
2.往事如烟 / 038
3.有缘千里会 / 049

一片芳心千万绪
1.我欲乘风归 / 061
2.初恋 / 069

雁尽书难寄，愁多梦不成
1.魂销肠断 / 081
2.成家　立业 / 086

归去来兮
1.近乡情更怯 / 095
2.情与旅 / 099
3.祭祖　扫墓 / 106

天不老，情难绝
1.触景生情 / 113
2.贵州行 / 121
3.情归何处 / 127

漫言花落早，只是叶生迟
1.前度刘郎 / 135
2.慧剑 / 139
3.天涯归程远 / 142

此情可待成追忆，只是当时已惘然
1.灵归故土 / 149
2.情未了 / 153
3.情路多艰 / 157
4.缘"分" / 161
5.前路遥遥 / 165

6.冷　/169

7.岁月沧桑　/171

无可奈何花落去　似曾相识燕归来

1.归　/177

2.如烟旧梦　/183

3.孽　/190

4.父与女　/194

还君明珠双泪垂

1.祸福相倚　/201

2.医　/209

3.弦断音绝　/217

相见不如不见

1.吾生须臾　/223

2.再见　再见　/228

3.告别　/232

4.终点　/235

后记　/239

第一章

忧愁风雨

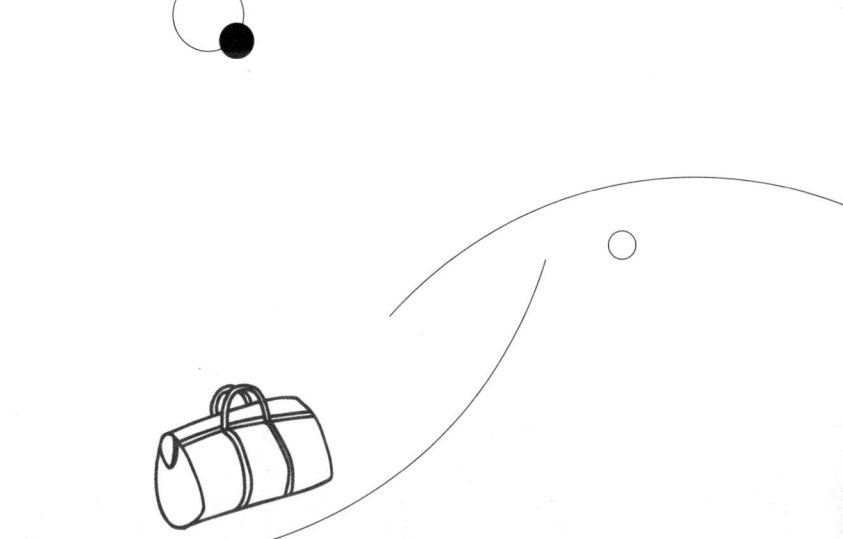

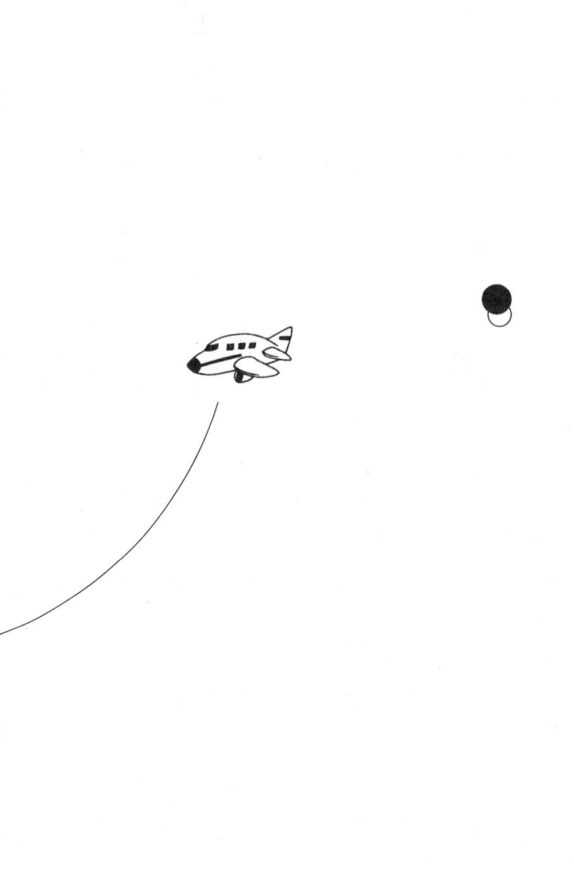

1. 老人公寓

日暮乡关何处是　烟波江上使人愁
时间：一九八四年
地点：洛杉矶

> 平林漠漠烟如织，寒山一带伤心碧。暝色入高楼，有人楼上愁。玉阶空伫立，宿鸟归飞急。何处是归程？长亭更短亭。

唐朝李白的这首《菩萨蛮》，写尽了多少乡愁归思，把游子心怀故园、有家难返的心事，展现得淋漓尽致。而中国近百年的战乱离愁，更为这首词平添了多少注释。1949年的国民政府迁台，随政府赴台的二百多万外省人，其中就包含许多范例。

随着岁月的流逝，这群"外省人"及其子女，也发生许多迁徙变动。许多人在各种不同的环境下，自愿或随波逐流地移居到了美国，其中最大的华人聚居城市，便是洛杉矶。

　　洛杉矶，美国第二大城市。如果说纽约像出自名门的贵妇，那么洛杉矶就像是选美皇后，或者是闪亮的电影明星，代表着炫耀与奢华，虽然没有显赫家世，却是社交圈中的核心，众人聚焦之所在。在山壁上的好莱坞标识，连同环球影城及全球最早的迪士尼乐园，都象征着娱乐圈中无可置疑的领袖地位，而比弗利山庄则定义着全球最奢华的位置。洛杉矶由于位处美国西海岸，与亚洲交通便利，且就业机会良多，也是华人在美的最大集中地。

　　大洛杉矶区由许多小城市构成，原来的老华侨都居住在老旧的唐人街附近，但近年来新移民的涌入，使得离市中心不远的蒙特利市，成为华人新移民聚居最多的城市。而在该市的一条小街上有一所公寓，居住的全是65岁以上的老人，俗称老人公寓。

　　在交通拥塞的洛杉矶10号公路上，谭湘生开着这辆1979年的丰田车，虽然只有五年的车龄，但已经有近十万英里的车程，接近换车的时限。湘生，一个出生于抗战岁月里的中国人，有着强烈的抵制日货的情绪，但在现实状况中，美国车耗油，可靠性差，德国车贵，维修费高，因此只好选择省油又可靠的日系车。想到这里，湘生挪动了一下久坐疲惫的身躯，挺了下微感酸痛的腰椎，挺直的鼻梁下，牵动紧闭的双唇，现出淡淡而隐约的苦笑。是的，那个时代出生的人，哪一家没受过磨难，哪一家不是在艰难困苦的环境中成长的。因为营养关系,自己一米七的身高,虽比现在的年轻人显得矮,但在同龄人中还算是高个子。那个时代,中国人受的灾难还少吗?但人还是争不过现实啊!

不过湘生的太太孙毓晶,开的则是德国奔驰车,而且每两年要换一次新车。本来毓晶要将她的旧车给湘生,但被湘生拒绝了。他不想沾毓晶的光,觉得还是开自己的旧丰田自在。

一串由彩色丝线扎成的小粽子,吊在后视镜下,摇摇晃晃地显示着主人的华裔背景。湘生全神贯注地望着前面的车,开开停停,生怕一不留神造成追尾。

一辆敞篷车突然插入前方车道,湘生一个急刹车,才避免了可能的危险。敞篷车驾车的及乘客全是穿着怪异的年轻黑人,坐在后座的年轻人还伸出中指,对湘生做了个手势。湘生气不过,一踩油门,想冲上去理论,但热血一过,又及时冷静下来,将油门松开。洛杉矶每年都会发生数起因汽车争道而引发的枪击案件,因为这是个对枪支管制相当松懈的国度。

正在这时,一辆移去排气管上消音器的老旧跑车呼啸而过,驾车的及副驾驶座上坐着的都是西班牙裔的年轻人,前面那辆敞篷车立刻追去,两辆车开始飙车。洛杉矶由于邻近墨西哥,又是西部最大的城市,所以西裔移民特多,预计再有个一二十年,西裔居民的比例将超过百分之五十,成为洛杉矶的最大族群。

他终于到了蒙特利市公园的出口,出了公路、再拐两个弯之后,就能到达这座老人公寓。此公寓外观与一般公寓无异,灰蒙蒙的墙上，显露出银白色的铝合金窗，公寓由三栋楼房组成，楼房之间都有绿地花草间隔，给这片略显陈旧的住处增添了几分生气。每栋楼房皆为两层，四十户，总共一百二十户，其中就有十几户是华人，湘生的父母也住在这所公寓中。由于公寓的住户都是老人，并接受当地政府的补贴，所以住户对住处的楼层及房间大小，都没有选择权，而是由政府相关部门统一分配。

父母自1980年搬入此公寓四年来，湘生每周都会来至少四五次。由于老人们都不开车，湘生来时，除带老人们买菜、办杂事外，有时也到中国城买些糕糕点点什么的与大家分享，因此他对附近的环境与住户都非常熟悉。

湘生把车停好后，见到夏老伯正在人行道上散步，连忙上前打招呼。夏老伯也露出难得的笑容，与湘生寒暄。夏老伯以前当过市长，有些官架子，平时非常注意仪容，也习惯别人尊称他为夏市长；哪知搬来此处后，被人"老夏、老夏"地称呼，心理上竟有些落差，与其他住户就显得格格不入，但湘生总是很尊敬他，因此两人的关系不错。

湘生注意到夏老伯原本高大的身材，突然佝偻起来，弓着背，驼着腰，一向梳理清楚的头发，被风吹得凌乱不堪地散布在额头，衬衫也皱得一塌糊涂，好像披在身上的一块破布。夏老伯似乎一下子衰老起来，与不久前的形象有着天壤之别，难道他最近发生什么变故了？

湘生显示出担心的样子，问道："夏伯伯，你最近好吗？"

夏老伯看湘生一眼，苦笑一下，回应道："我还好，你爸爸妈妈还好吧？"

见夏老伯没有要透露自己近况的意思，湘生也不好勉强，寒暄两句便告辞了。

湘生辞别夏老伯后，因父母住二楼，老人公寓的电梯是为残障老人设计的，速度很慢，因此湘生总是走楼梯的。

在楼梯转角处，湘生见到王伯母正拉着楼梯栏杆做运动。王伯母常说："身体健康第一，老人只有自己照顾好自己，不求人，才是对的，别的都是假的。"

王伯母是两年前老伴过世后，才搬进来的，但王伯母不像其他华人住户那样有儿有女，她在此地只有孤身一人，听说她有个女儿留在大陆，她到台湾后就没通过音信。王伯母虽已八十有余，身体还不错，精神爽利，矮矮的身材，胖胖圆圆的脸上总是堆着笑容。她跟其他华人居民友好，却彼此不熟稔。大家得出的结论是王伯母太省，舍不得，有次敏慧说她："你就一个人，那么省干吗？"王伯母只是笑笑，没回话。

王伯母最亲密的伴侣是只黄色的猫。这猫在王伯母搬进公寓后不久，就闯进她的生活，那时还是只小猫，蹲在王伯母大门口，对着她喵喵地叫。王伯母拿只碗，倒点牛奶，又丢片面包在一旁。从此这只小猫就天天来，王伯母也总是为它准备些食物。这样过去了十多天，王伯母看没人来认领，就抱回家中，收养了这只小猫，还给它取了个名字叫"咪咪"。

王伯母对咪咪可好了,自己什么都舍不得,但买起猫食来,却不打折扣,挑好的买。没事时,她就抱着咪咪,喃喃自语,讲的都是王伯母家里的陈年往事,似乎这就是她的最大乐趣。

王伯母在公寓旁的空地中,弄了个小小的花圃,每天都来收拾收拾,自得其乐。公寓管理员在不妨碍绿化景观的前提下,也允许王伯母种点葱蒜之类易生长又不占地方的菜蔬。收成时,王伯母会与大家分享,也常常得到其他家庭的回赠,王伯母总是千恩万谢地拿回家。

有一次,湘生开着车带王伯母买菜回来,顺便帮她拎着菜,进入了她住的房间。这里的单身住客住的全是套房,每个单元内厨卫俱全,并备有残障人士所需的设施,这对老年住户而言,生活上的硬件需求已尽可能照顾到了。

王伯母家布置简单,墙上挂着王伯伯与王伯母年轻时的合照,另外还有华人超市送的月历。棕色的五斗柜表面多处已油漆脱落,看起来陈旧不堪,有个抽屉的把手已然不见,另一个把手则掉了个螺丝,有气无力地斜挂在那儿。柜上的相片镜框中,则镶着张非常小的照片。廉价的床罩覆盖在单人床上,旁边有不与五斗柜配套的床头柜,上面摆着个电子闹钟,而与其相对的是用塑料布覆盖的方桌,大概就用作饭桌兼写字桌,桌上还有个老式台钟。

王伯母请湘生在方桌旁的椅子坐下,自己就坐在床边,咪咪马上爬到王伯母怀中,王伯母慈爱地抚摸着咪咪。

湘生打量着四周,发现台钟的时间不对,还没发问,王伯母已经说道:"这钟不走好多年了。"面对湘生好奇的眼光,王伯母接着解释道:"这钟是我和王伯伯从老家带来,是他家里传下来的,舍不得丢!这上面的时间,我调成了我们在基隆上岸的时间。"

大概这又勾起了王伯母的回忆,她抚摸着咪咪,看着这座老钟,幽幽地说道:"是民国三十八年夏天吧,我们从上海上船,航行了十七八天,大家都没坐过海船,吐得七荤八素,船上都是酸臭味。少数人本来没事的,也受不住,跟着吐了。"

王伯母说着说着,好像又回到了当时的场面,她的眼光转向咪咪,也不知道是对湘生还是对咪咪,轻声地说道:"到基隆后,大家才喘过气来。下船时候,我一手一个,拿着两个包袱。当时大家抢着下船,哪知道船桥不稳,我腿脚虚软,跟跄一下,眼睁睁地看着一个包袱掉到海里去了。"

王伯母苦涩地笑笑,抬起头来,对湘生说道:"我们从家乡带来的就剩这座台钟了,还有包住这台钟的一对枕头套。"指着床上放的一对枕头,外面用塑料袋套住,王伯母解释道:"这对绣花枕头套是我们结婚时收到的礼物,舍不得用,成为装饰品。每天晚上,我会拿掉一个枕头的塑料袋,陪我睡!"

湘生拿起枕头,看到塑料袋里已经泛黄的鸳鸯戏水图,枕边好多地方还有水渍印,心想说不定这是王伯母的泪痕。王伯母大概注意到了湘生的反应,不好意思地说道:"我有时实在睡不着,会抱住这枕头套闻闻,像小孩子揉住他的被子一样。"

说到这里,为了转移话题,王伯母站起来,放下咪咪,指着五斗柜上的那张照片说："我还带了这张相片来，里面是王伯伯、我和我们女儿王倩。"

这是张有些泛黄的黑白照，里面的人像更小，王倩的脸几乎看不清。王伯母走过去，捧起相片凝视着，声音中透出几分凄凉："当时以为到台湾是暂时的，过几个月就可以回去，所以把女儿托给了我的父母，没想到这一别便是三十多年，女儿都该四十岁了。到台湾后的很长时间里，我们一直没法联系。这几年我才得以托人回去打听，仍没消息，也不知情况如何。"

湘生只有安慰道："别担心，慢慢总会打听到的。"

王伯母转过眼看看湘生，犹豫地想告诉湘生什么，没说出来，等到湘生要告辞时，她才吞吞吐吐地说道："湘生，我想……想……托你件事，看你……看你方便不方便？"

湘生忙问道："王伯母，什么事呀？"

王伯母涨红着脸，鼓起勇气地说道："湘生啊，你晓得王伯母年纪大了，什么事都可能发生。"说到这里，她的眼眶有些湿润，"我在这里无亲无故，连办个后事都没人可托。如果，真到了那一天，应该只有请你帮忙了！"

湘生站在那里，一时愕然不知所答。

"你父母都是好人，你也是好人，所以我只能托你了。"王伯母继续道。

湘生看着眼前这位无助的老人，心中一阵怜悯，动情地回答道："王伯母，只要我能办得到，我一定会尽力的！"

王伯母的嘴角现出了欣慰的笑意，她走到五斗柜前，小心翼翼地拉开其中一个抽屉，拿出几本用绳索捆好的相册，放在方桌上；接着她当着湘生的面，抽出最下面的一本相册，慢慢地打开。令湘生意外的是，相册里面已经挖空，构成了一个盒子形状，"盒子"里竟整齐地放着几叠百元美钞。

"这是我所有的积蓄，将来我过世后，除去办后事的钱，余下的想请你帮忙，替我找到王倩，交给她。"说完这话，王伯母似乎意犹未尽，又补充道："当然，我走后，如果有可能，也麻烦你替我照顾一下咪咪，这世界上，它也只有我一个亲人。"

说到这里，王伯母转头去找咪咪，没看到，叫了两声咪咪，咪咪温顺地跑过来，靠在王伯母的脚跟。王伯母弯下身子，抱起它来，轻轻地说道："咪咪，你乖，妈妈不会不管你的！"

说着说着，王伯母的眼泪就掉下来了。

面对这情景，湘生有些手足无措，结结巴巴地说道："王伯母，你身体这么好，不会有事的！"

王伯母苦笑道："我总有一天也会走的，剩下的事，只有麻烦你了。"

看到湘生面有难色地站在那里发呆，王伯母恐慌地解释道："就是没有别人可以帮我，咪咪很乖，不会添你麻烦的。"

湘生急忙回应道："咪咪的事，没问题。"

王伯母急促地解释道："为了避免将来处理麻烦，我才把钱放这里。我没有别的亲人，现在只有求你了！"王伯母焦急的面色，显示出内心的不安。

湘生心里不忍，对王伯母诚挚地说道："王伯母，不是我不愿意，是万一我找不到王倩怎么办？"

王伯母迟疑一下，摇下头，然后毅然回道："你要真找不到，就替我捐给我们家乡的穷人吧！"

湘生看着眼眶已经含泪的王伯母，只有无奈地点点头，说道："王伯母，你放心，我一定替你找到王倩。你把地址给我，说不定你还可以回去看她呢！"

王伯母松了口气，马上从盒子里拿出张纸来，上面有湖北恩施的一个地址，交给湘生。

湘生拿出带在身上的笔及地址簿，想抄录下来，发现光线太暗，看不清楚，想走到窗子前面时，王伯母不好意思地说道："对不起，我来开灯。"

等湘生告辞后，王伯母连忙关灯，从冰箱拿出两片面包，倒了杯冷水，将就着把晚餐解决了。在半黑暗中，王伯母把枕头从塑料套中取出，抱在怀里，躺在床上，口中念念有词地说道："王倩，妈妈对不起你，也不知道这辈子还能不能看到你，希望这些钱能帮到你。"王伯母将枕头套紧紧地贴住自己的脸，眼泪淌下来，浸在枕头里。

咪咪轻灵地爬到王伯母枕边，王伯母翻动下身子，反过手抚摸着咪咪。

后来，湘生从没和父母提及王伯母托付之事，但对王伯母却多了几分关切和怜悯。

　　湘生和王伯母打完招呼后，上楼到父母亲住处。湘生的父母因为是两人同住，分配的是一房一厅，房间里与其他住户差不多，布置都很简单。墙上挂张两人的结婚照片，下面题的字是"谭嘉善、颜如玉，民国二十九年于湖南省长沙市"，旁边另外一张湘生、毓晶及子如的全家照。另外两面墙上，一面挂了张牡丹富贵的国画，另一面墙上则是"天道酬勤"的横幅。客厅里靠墙摆着一张方桌，也是用塑料台布覆盖着，桌子三面都放餐桌椅子，桌子是饭桌，也是书桌。

　　厅里另外一角，有一个黄底红花的长沙发及一个配套的单人沙发，中间是个咖啡桌，上面放着嘉善的茶杯。长沙发对面是台二十九英寸的电视机，虽然没有人在看，但电视还是开着，是英文新闻台，哇啦哇啦地响着。谭嘉善由此可对照华文报纸，猜到些当地新闻及世界大事，也了解气象预报，最主要的是陪伴他。

　　湘生因为太太毓晶忙于做生意，没时间管他的日常生活，所以经常到父母处打打牙祭。湘生进门时，谭嘉善正将略带肥胖的身体懒懒地丢到那个单人沙发上看报纸，颜如玉则在厨房烧菜。听到湘生进门，如玉在厨房里叫道："湘生来了，正好开饭。嘉善，不要那么懒，快摆碗筷。"

　　嘉善拿下老花眼镜，放下报纸，然后不情愿地挪动了一下身体，湘生忙说道："爸爸，我来！"接着快步进厨房去拿碗筷。

　　颜如玉不是很会做菜，平时两人的饭菜简单清淡，就是两样蔬菜,顶多菜里再加点肉丝,今天因为湘生要来,又加个番茄炒蛋。饭桌上,颜如玉埋怨道:"嘉善,你每天就知道躺在沙发上看报、看电视,也不晓得起来走动走动,去外面散散步、做做运动,实在太懒。你看人家王伯母,年纪那么大,每天还不停地动!"

嘉善没有搭理如玉的抱怨,自顾自地吃饭。湘生司空见惯了这情景,不由得笑笑看着眼前的父亲,但随即惊觉到父亲花白的两鬓已转为白发,眼角的皱纹也加深许多,散布着斑斑点点老人斑,微驼的背脊,更显示出他的老态,爸爸真的老了。转眼,他再看看母亲,六十多岁的年龄,岁月并没有在她身上刻画出太多的沧桑,她一辈子不施胭脂,老了,颜面上就没有堆砌的遗留痕迹,眼睛仍如同年轻时那么明亮,头发整齐地梳理在脑后,扎个发髻,看起来起码比实际年龄要年轻上十几岁。

湘生听到提起王伯母,说起刚刚还遇到她,然后不经意地问道:"在美国,王伯母就没有亲人吗?"

颜如玉叹了口气,说道:"王伯母这一生也够可怜的。王伯伯随部队到台湾后,在中学里教书,哪知学校里有两个老师是共产党员,王伯伯受到牵连,后来虽然被证明是无辜的,但还是坐了三年牢。唉,在那个年代,是没什么道理可讲的!"

谭嘉善正夹着菜,听到这话,也停下来补充道:"王伯伯出狱后不好找事,全靠王伯母在同乡的店里打杂帮忙,维持生活。后来王伯伯的哥哥在美国替他们申请移民到这儿来,不过王伯伯的哥哥前几年过世了,他的儿女跟王伯伯这边没什么来往。倒是王伯伯自己有个女儿,可惜留在大陆,好像没联络上。"

提到这些往事,饭桌上的气氛突然转为沉重,大家都没说话,安静下来。湘生为转换话题,提起刚才也看到夏伯伯了。谭嘉善轻轻地摇了下头,说道:"老夏也蛮可怜的,在这边没什么朋友,最近老婆又似乎出了点问题,两次出去都找不到回家的路,还是警察把她送回来的,看样子是得了老年痴呆症!"

如玉也跟着摇摇头,显现出有些憾意的表情,柔声道:"我前两年劝敏慧跟我一起去参加小区办的一些学习课程,像英文班、编织班、跳舞班,可能会使脑筋活跃些。"说到这里,又加重语气道,"甚至去陪淑容他们打打麻将,也比每天蹲在家里,跟老夏大眼对小眼要好些。"

原来另一位邻居刘亚民,他的太太淑容没事喜欢打打小麻将,有固定的牌搭子,经常是吃完午饭就去上四健会的班,五点多结束,然后各自回家做晚餐。如玉更忙,小区的各种学习班次,竟然把时间排得满满的。

湘生说道:"不是每个人都像妈妈那样活得有滋有味的。老人如果都像你这样,每个人都可以多活二十年,美国社保基金可要破产了。"

嘉善笑笑,对湘生说道:"这我同意,可惜你不像你妈。她乐观积极,而湘生,你呀,像我,什么都留在肚子里,优柔寡断,又想不开,将来会吃大亏的!"

夏人杰戴着顶鸭舌帽,遮掩住了他稀稀疏疏的白发,但一米八几的身高，因为微驼的背脊，就显示不出从前的高度，也没有以前的英姿。何敏慧当时看上夏人杰，多多少少也因为他的外貌，现在人杰正绕着公寓散步，脑子却闲不下来。敏慧的情况越来越糟，已经不敢让她单独出门了。夏人杰不知道这情形还能拖多久，老人公寓的住户是一定要能生活自理的，如今敏慧这情景若被经理发现的话，就会被强制送去专门收留这类病人的疗养院或病院。五十四年的婚姻，没想到临到这般年纪，却会遭到必须分离的命运。

他认识何敏慧是在一次朋友的聚会中。那时正值抗战期间，贵阳是几个少数没有陷入战乱的都会地区。夏人杰刚从大学毕业不久，被分配在三民主义青年团任干事职务，敏慧则是当地的大家小姐，年轻貌美，家世又好，追逐裙下的不乏其人，但何家大小姐却独具慧眼，挑中了夏人杰。

婚后第二年，长子夏子黔出世，敏慧便相夫教子，恪尽妇道，虽有些小姐脾气，但确实是有帮夫运的。夏人杰婚后，事业上一帆风顺，迁台前，已升任扬州市市长职位。次子夏子扬就是那时出生的。

到台湾后，敏慧又生了夏子台，但事业上，人杰却再也无复从前，只在党部里挂名有个差事，家中食指繁多，小孩又小，使得敏慧家事更重，加上学费等开支庞大，人杰一份薪水根本不够开支，凡事都靠敏慧张罗。敏慧除在外接些外销工厂的手工加工活之外，因为入不敷出，连陪嫁首饰都变卖一空，最后一点金饰，也在子黔出国时卖掉，所以夏人杰对敏慧不但有夫妻之情，还具有歉疚心理。

好在小孩们读书还算争气，而且子扬、子台的出国，也多亏子黔的帮助，如今子黔、子扬和子台都在美国就学、就业、结婚、成家，总算安定下来了。人杰退休后，把公家配给的房子卖掉，移民到了美国，但子扬、子台住在东部，只有子黔在洛杉矶。人杰把卖房的款项，分给三个儿子。本来子黔要请父母跟他住的，但敏慧怕两代之间发生矛盾和摩擦，坚持二老自住，才搬到这座老人公寓。

如今敏慧不知道还能在这公寓里待多久，如果到敏慧必须去疗养院的那一天，夏人杰也将面临去从的选择。留在这里，换间单人套房，但此地朋友不多，等敏慧离开，更加没人可讲话了；若搬到子黔家去住，总有寄人篱下的感觉，也不知和媳妇处不处得来，真是两难。

人杰拖着步子，回到居处，还没进门，已经闻到一股尿臊气，赶紧快走两步，到房间时，一推门，门没锁，心里暗想糟了，又喊两声："敏慧，敏慧！"没人应，人杰连忙转头就往外跑，正在此时，看到刘亚民的太太曾淑容正搀着敏慧走来。

淑容转过头，柔声地对敏慧说："敏慧，你看，老夏在这里呢。"又对人杰说道："我刚巧在外面见到敏慧在找你，就把她领过来了。"

人杰松了口气，千恩万谢过淑容，然后搀扶着敏慧，轻声地说道："敏慧，我在这里呀，我们回家去。"

推开门，敏慧四面张望一下，突然喊叫起来："人杰，这不是我的家，他们骗我，我们走，我要回自己的家！"

瘦得似乎只剩个骨架的敏慧，挥舞着手，喊道："我要回家，我要找我爸爸、妈妈！妈妈，你在哪里？我好想你！"

人杰忙抓住敏慧的手,指着墙上挂着的五六幅贵阳的照片,说道:"你看,这都是你贵阳家的照片,我会带你回去的!"

敏慧看见其中一张妇人与小女孩的照片,不停地叫着:"妈,妈,我好想你!"旁边有张人杰六十岁生日时,人杰夫妇坐中间,儿孙满堂的合照。夏人杰只觉得好讽刺,好像所有的儿孙,都在冷眼看着他。

环顾着客厅里沙发上堆满的衣服,厨房内洗碗池中满满的脏碗,紧盖的塑料桶中弥漫出的臭味,夏人杰握着敏慧干瘪的手,满怀柔情地说道:"敏慧,我对不起你,让你受苦了!"

夏人杰望着眼光呆滞的敏慧,眼泪再也忍不住地涌出来,滴在敏慧的手上。

曾淑容离开夏人杰的家后,心里泛起一阵酸楚,大家都老了,人杰家的景象,不知哪天会轮到自己。

乡 愁

在奔驰的时光列车中

乡愁跌跌撞撞地

无视于周遭的

喧哗热闹

忙着寻找自己坐过的座位

怎么每个位子

看起来都这样熟悉

第一章 忧愁风雨

拖着疲累的步伐

不再寻觅

当乡愁终于坐定

列车却……

归于

静止

刘亚民看着报上刊登的这首不知是谁书写的《乡愁》，颇有同感。作者大概也是位背井离乡、历经沧桑的四海游子吧！转过眼，看见对面墙上挂着的自己穿戎装与淑容的合影，看那时真是一对璧人，如今，亚民却只能苦笑一下。他稀疏的秃顶，瘦削的面庞，早已无复当年的风采；而淑容呢，发福的身材转换了整个形象，胖胖的脸面，已将原来的双瞳剪水，挤压成两条细缝，对比照片上的丽人，几乎找不到相似之处。

这边的墙上，对应着这张戎装照片的，却是幅中国地图。刘亚民看着泛黄老旧并带着些许擦痕和污点的墙面，反射出照片、地图，都显示出一种苍凉、无力之感。

回想起来，自幼年离乡到黄埔军校入学从军，而后南征北讨，辗转在各地，当时国难正殷，凭着一腔热血，他再没回过家乡，也不知何处可称故乡、何处才是客地。但每当午夜梦回，家乡仍历历在目，如今行将就木，莼鲈之思更为强烈，却有家归不得。

客厅里虽然有套皮沙发，刘亚民因为要戴着老花眼镜，用放大镜看书报，坐在沙发上会太累，所以宁愿坐在餐桌旁边看报。也许从前是军人的关系，刘亚民坐在椅子上，腰杆仍然挺得笔直。亚民一个字一个字地浏览，将桌上的华文报纸从头条新闻到分类广告，花了近两个小时，终于一字不漏地看完。

亚民想要发表些意见，叫了两声"淑容，淑容"，却没人回应，这才记起淑容到周老太家打牌去了。

搬到老人公寓将近五年，生活已经规律化，就是数着日子过。刘亚民立起身，换到沙发上，靠着头，闭目养神，回想着这一生的过程，数十年寒暑，起起伏伏，到如今却是身在异国，波澜不惊，等待最后日子的来临。

原配夫人姚爱月是他驻扎在盐城时朋友介绍的。结婚后，刘亚民就把家安顿在盐城。刘志国出世后，跟母亲及外祖父母留在盐城。刘亚民赴台，随行的是如夫人曾淑容；来到台湾后，次子刘忠国及三子刘建国相继出生；退休后，原先住在台北，但因忠国、建国都在美成家立业，所以就搬到洛杉矶与建国同住，不过因为跟媳妇关系处不太好，老夫妻只有搬到这老人公寓自立门户。

想到这里，亚民只觉得一阵心痛。如果在老家，现在该是儿孙满堂、承欢膝下的景象！

记得老家边上有条小河，清澈见底，夏天天气热的时候，小狗子、大柱子，都会伙同在一起，光着屁股下水。想到这里，亚民牵动嘴角笑了起来，顺手把旁边的录音机打开，放出这首二胡独奏的《松花江上》。

第一章　忧愁风雨

"我的家在东北松花江上……"这首每天要听多遍的曲子,当年正是它激励起自己及万千青年投向抗日洪流。亚民从黄埔军校毕业后,戎马征战,脑中显现的就是这首歌,以前的感觉是激昂,是热血,是悲壮,今天听的是二胡,是委婉,是凄凉,是悲怆,是剪不断、理还乱的乡愁。

刘亚民打开放在茶几上的相册,这也是他每天必做的功课。这相册是忠国整理出来的,记录了刘亚民的一生。每张照片下面有批注,但早期的照片很少,多数是近十年的照片。相册的第一页是在美国的全家福,刘亚民及曾淑容坐在中间,忠国及建国夫妻分坐两边,后面站着五个孙子、孙女。刘亚民却先翻到最后一页,上面只有三张照片,一张是亚民穿戎装,下面注明是爸爸在黄埔军校毕业时的照片;一张是亚民与一位妇人抱着个男孩的照片,批注是爸爸、大妈及大哥;另外一张则是新的照片,里面的人物是位老太及年轻人,批注是大妈及大侄儿刘东。亚民拿起放大镜,用心察看,嘴里喃喃自语道:"爱月,我对不起你,害你受那么多苦,我会尽快回去看你的。"

刘亚民在老人公寓的朋友不太多,但与曾淑容、颜如玉走得最近,几乎每天都要见面来往,今天我做包子送你,明天你拿水果还我,而刘亚民及谭嘉善两人就没那么多交集,因刘亚民服务军界,而谭嘉善是公务员出身,背景略异,共同友人较少的缘故。

刘亚民来往最多的是"老林"林国标。老林是士官长退役,跳船到美国后,在餐馆里打工,最后以大厨的名义办移民手续,退休后，也搬到老人公寓来住。老林因为在厨房打过工，有些修修弄弄的零碎活都能做，所以常穿件工作服，替华裔居民们做义务劳动。

老林见到刘亚民，总是很尊敬地叫刘将军，不论刘亚民如何劝阻，他总是改不了这称谓。老林在美孑然一身，将长官刘亚民看成他唯一的亲人。

刘亚民正在胡思乱想时，门铃响了，是林国标。老林是常州人，魁梧身材，浓眉大眼，戴着棒球帽，大概是因为到亚民家，没穿工作服，而是换了干净的香港衫和西装裤，脚上却穿双球鞋。进了门，老林就兴奋地说："刘将军，我收到家乡来信了！"

老林是年轻时被抓夫的，没当兵前曾经提过亲，但还没成亲就被抓去当了兵，抗战胜利后复员返乡。不久战乱又起，他只有再度投入行伍，并随部队转到台湾。来美后，他一直试着与家乡人通信，都没有结果，看此情形，现在一定是有好消息了。

见老林表情兴奋，刘亚民低迷的情绪马上提升起来，也带着笑，急忙问道："什么好消息？"

"我堂弟回信来了！"老林的声调又急又快，恨不得一口气把话说完似的，"他提到春桃和她儿子的消息。"

刘亚民显出困惑的表情，不知道老林为什么这样兴奋。春桃是他在乡下没结成亲的对象，她结婚生子是很正常的事。老林看出刘亚民脸上表情的微妙变化，迟疑了一下，语音缓慢下来，不好意思地解释道："其实我去当兵的时候，春桃已经有孕，后来她嫁给姓林的，还生了个儿子。"

老林的意思很明显，他可能有个儿子在乡下。

刘亚民笑逐颜开地恭喜老林，随口问道："你晓得儿子叫什么吗？"

老林没再掩藏自己的情绪，爽快地回应道："报告刘将军，我不知道，不过没关系，只要知道他的情况就好！"

刘亚民看着兴高采烈的老林，心想他这是因祸得福，儿子没有国民党成分，在那个特殊的年代里不会成为"黑五类"，兴许倒少受许多折腾，就是不知道志国现在怎样。

2. 生、老、病、死

南去北来何事　极目伤心

时间：一九八四年

地点：洛杉矶

湘生在父母亲老人公寓的客厅里和二老闲谈时，忽然听到楼下传来一阵嘈杂声，隐隐约约还有中国人普通话的声音在内，谭嘉善对湘生说："什么事？你下去看看吧！"

湘生走到楼下花圃处，一堆老人正在围观，还七嘴八舌地议论着。湘生近前一看，是王伯母躺在地上。王伯母脸上有些血迹混合着的污泥，她显然是面朝下晕倒的，而后经人翻过身躺下来。人群中，经理也在，他对湘生说："王太太在花圃工作时，突然昏倒，现在已经叫了救护车。"

第一章　忧愁风雨

因为救护车只允许一个亲人随行，就由湘生母亲陪同，而湘生则准备带着刘伯伯夫妇及老林，随后赶去医院，看能否帮上什么忙。

湘生进入王伯母房间，想替她拿两件换洗衣服，只见咪咪守在王伯母的床边，瞪大双眼，看着湘生。湘生感到一阵莫名的悲哀，想和咪咪讲两句话，又感到时间紧迫，摇摇头，走了出去。随着湘生的离去，咪咪马上蹿到窗台边上，一动不动地对着外面凝眸。

等湘生赶到医院时，只见如玉满面悲戚地等在急诊室外面。她告诉湘生等人，说王伯母从救护车上抬下来时，已经没有了气息，急诊医生用电击试了多次，未见效果后，只好宣布病人死亡。

湘生一行转到太平间停尸处，看到王伯母眼睛一直睁着，闭不起来。刘伯母在旁边说："王老太，你是不是还有什么心愿未了？我们都会尽力的。"

湘生听到这话，记起了王伯母所托，走上前去，轻声说道："王伯母，你安心去吧。我一定会找到王倩，把钱交给她的。"然后轻抚王伯母睁开的眼皮。说也奇怪，王伯母的眼睛马上合起来，脸上似乎显出安详的、好似睡着了的神态。

湘生联系殡仪馆，也无所谓黄道吉日，三天以后有个空当，葬礼就排在那天举行。其间湘生回过王伯母公寓两次，只见咪咪还是趴在窗台边，呆呆地望着外面。湘生注意到咪咪盆中的食物及水都没动过的痕迹。湘生心中不忍，端起水盆，拿到咪咪面前。咪咪转过头，看看湘生，又转回头去。

湘生轻声向咪咪诉说道："王伯母已经走了，再也不会回来，过几天我会带你到我家去的。"

也不知道咪咪听懂了没有，但咪咪又再转回头来，看着湘生。湘生感觉到那眼中，好像隐藏着无限的悲哀。

湘生帮助老人公寓的老人们，操办着王伯母的葬礼。王伯母没有宗教信仰，还是刘伯母请大觉寺主持唯心大法师及几个信徒诵经，替王伯母做了场法事。如玉到灵堂后，发现布置太过简陋，除王伯母遗照外，只有公寓经理及全体老人合送的两盆花，就临时又叫湘生以王伯母女儿王倩及嘉善夫妇的名义加送了两个花圈。

殡仪馆礼堂内，稀稀落落地坐了十几个人，除夏人杰夫妇外，老人公寓的华裔居民都到齐了。在众人环绕棺木对死者致以最后的敬意时，湘生站在棺木前，看到王伯母已换上她仅有的一件花布衣衫，化妆后的王伯母显得很安详。湘生心想葬仪的隆重与否，其实与王伯母已全无关联，他向着王伯母默祷道："我一定会替你完成心愿的。"他感觉王伯母向他展开了笑容。

火化后，王伯母的骨灰就放在大觉寺的灵骨塔。

诵经声中，老林感触最深，都是孤身在美，没有亲人，今天自己还能参加王老太的葬礼，哪天轮到自己，不晓得又有多少人能参加。王老太还有个女儿在大陆，而自己孤家寡人，什么亲人都没有，记得以前在家时，妈妈总是唠叨着："你也该娶媳妇了，替我们老林家留个种。我们三代单传，不能在你这儿断了后！"

没想到那天到城里给生病的母亲抓药时，会被拉夫的抓去当了兵，绝了老林家的后。好不容易等到抗战胜利复员回了乡，春桃似乎表示是怀孕后才嫁给林长兴的。如果当时春桃怀上自己的骨肉，也许该回大陆去看看，不相认也没关系，只要能看到，这辈子也就心满意足了。

湘生当着老人公寓长辈们的面，宣布了王伯母生前的遗愿，并会同大家前去清理王伯母的遗物。在相簿里收藏的现款，总计有两万三千多元，扣掉丧葬费后，剩下一万八千多。湘生答应补足两万元存款，以刘伯伯、谭嘉善、老林三人联名开户，暂存银行，另外将照片、枕头套及老钟也一并收起，希望有一天能找到王倩，再转交给她。

湘生与众人在王伯母的公寓中讨论时，咪咪依然站在窗旁，看着大家。因为公寓即将交还给管理单位，就在众人开始收拾王伯母遗物时，有人折叠王伯母生前的被子，咪咪却突然像发狂一样，扑向那被子，咬住不放。

在众人的惊愕中，湘生不觉悲从中来，上前抱起咪咪，噙着眼泪，说道："咪咪，王伯母不会再回来了，你等等就跟我回家吧。"咪咪看了湘生一眼，猛地一挣，脱开湘生的怀抱，蹿向门外，疾奔而去，以后大家都再没在附近见过咪咪。

夏人杰没有出席王老太葬礼，因为要照顾病情越来越严重的敏慧。敏慧已经不会认人，除了人杰，其他人她都不认识。记得有一次谭嘉善夫妻来看她，敏慧错把他们当成子黔和他媳妇，上次老林来，还叫老林备车，把老林当成以前家里的黄包车夫。

见敏慧在床上已入睡，夏人杰赶快将一袋封得严实的垃圾丢入楼下的垃圾箱，然后快步转回房中。因为敏慧除饮食不能自理外，大小便也不能控制，即使用尿片，也时常弄得一塌糊涂，夏人杰虽努力清洗，可家里仍是尿臊味，只有紧闭门窗，开启抽风设备，希望邻居不要到经理处投诉。

坐在沙发上倦极而眠的夏人杰突然惊醒，敏慧正站在面前，用瘦骨嶙峋的手，抚摸着人杰的头发，轻声地说："人杰，你累了吧？好好睡一会儿。"看着敏慧深深凹陷的眼眶和充满柔情的眼神，夏人杰觉得一切的委屈都值了。他抱住敏慧的腰，放声地哭出来。只觉得敏慧一直在抚摸他的头，口里说着："不怕，不怕，妈妈在这儿呢。"

前天，子黔、他媳妇钱瑶和孙子汤尼前来，三人一进门闻到这味道，都皱起眉头，捂住嘴鼻，汤尼还大叫道："臭死了，我们走吧！"

夏人杰没来得及说话，子黔已经说道："爸爸，这样下去不行的，送妈妈去疗养院吧，你也会被拖垮的！"

看着子黔，即使是休闲装，仍是一丝不苟，烫得笔挺，鼻梁上的金丝边眼镜，更衬托出道貌岸然的形象。以前人杰总为儿子的穿着骄傲，现在却觉得这孩子好陌生，既然知道父亲辛苦，为什么不能前来分担？每周一次蜻蜓点水似的走个过场，就自认仁至义尽。当然比起子扬、子台两兄弟，他算是好的，这两兄弟每周打一次电话，生病至今各来过一次，如此而已，想起敏慧为他们所做的一切，真是心寒。

夏人杰听到钱瑶正悄悄地说道："乖，宝贝别吵，我们马上就走。"

人杰这才注意到钱瑶挥舞的手指上,是一枚耀眼的钻戒,怀里还抱着"宝贝"——他们家的爱犬,一只白色贵宾犬。子黔看到人杰的眼光,忙解释道:"最近宝贝有点不舒服,所以我们出去都带着它。"听到这话,人杰再也忍不住地吼叫道:"滚!滚!都给我滚出去!"

敏慧受了惊吓,身子抖动,往角落里缩去。人杰忙上前去,抱住敏慧,柔声说道:"敏慧,对不起,我不该大声的。"

子黔一家连忙开门,悄悄溜走,剩下抱着敏慧、正抽泣的人杰。

老人公寓中,生病的不只是敏慧,刘亚民也发病了。从王伯母葬礼上回来,亚民回到房里,因为淑容又赶去打牌,自个儿懒坐在沙发上,连灯也不想打开,心里还是蛮感触的。都是背井离乡的人,一辈子奔波挣扎,到头来身葬异域,到九泉之下说不定连个可以通话的人都没有。

忠国、建国的家都是半个美国人的家,孙辈们都不会中文,平常沟通,都要靠他们父母翻译,将来自己葬在这儿的话,也不会有人来祭扫的。不像老家,清明节时,每家都会尊宗祭祖。

亚民好像又回到乡下,小狗子、大柱子都在,在河里玩,岸上是妈妈在叫"回家了,回家了"!突然又变成爱月在老宅追着志国跑的影像,自己奋力地赶过去,却追不上,心里急得一阵绞痛,往地上一倒,但嘴里还是念着:"我回家了!我回家了!"

等淑容回到家里,发现亚民躺在地上,大吃一惊,还好听到呻吟声,连忙趋前到亚民身边,发现他神志还是很清醒,只是身体虚弱,爬不起身来。

淑容本想打电话叫救护车,却被亚民摇头阻止了。她扶着亚民到床上后,亚民有气无力地说道:"我没事,就是有点头晕,休息一下就好!"

淑容转身想去倒杯水,只听到亚民轻声说道:"我好想回家。"

第二章

雁南归

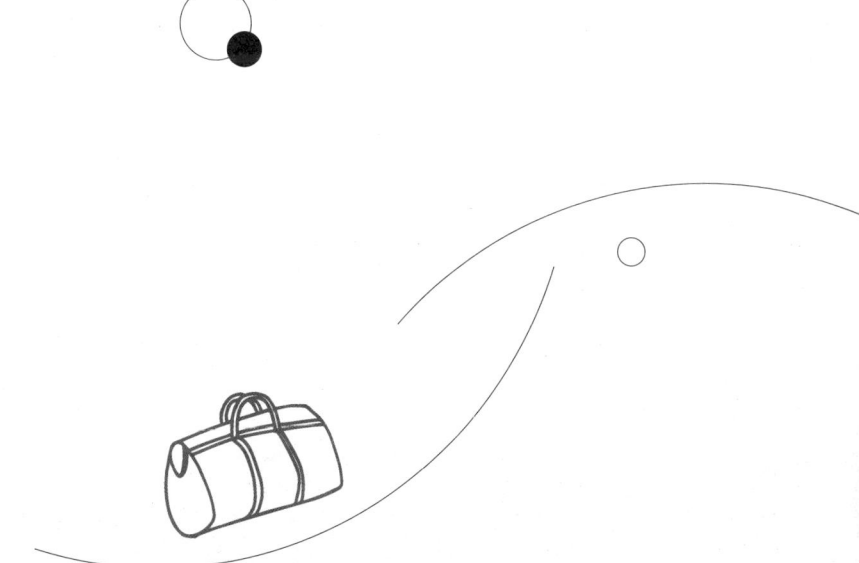

1. 故国情思

万里是乡家是客

时间：一九八四年

地点：上海

湘生送老林到机场，一路上林国标紧紧地抓着手里的包袱，嘴里虽是有一搭没一搭地询问湘生搭飞机的注意事项，但眼光却没有定向地呆望着外面，很明显并没有认真倾听。

等湘生替他在航空公司柜台办好手续离去后，老林在移民官的炯炯目光下，显得有些不自在。也难怪，当年到美国跳船，在洛杉矶上岸逃走后，就在那里度过三十几年的生涯。他每天都在躲移民局，直到大赦时，由移民律师代办好手续，才算在彼邦得以正式安居下来。老林自己想想也好笑，现在已是合法身份，怕什么呢？

老林坐上飞机时，因为是生平头一次，有些不知所措。两个月前参加王老太葬礼后，他就决定回家乡一次，看看乡下情况，叶落归根，不想在异邦像王老太一样，死后变成孤魂野鬼，连个祭祀扫墓的人都没有。不过回去也没什么亲人，堂弟林国强近况似不太好，每次来信，都是要钱要物，至于春桃的近况，还什么都不知道，只能回去看了再说。

因为英文不好，老林坐的是中国民航的班机，免得语言交流上有困难。以前老林也常到机场接送朋友，看过不少空中小姐，都是容貌姣好，制服漂亮，打扮入时，但上了国航班机后，略有失望。空服员都挺好看，打扮朴实无华，制服是暗暗的颜色，白衬衫恐怕还是自己洗烫的，没那种浆烫得笔挺的感觉。但毕竟语言相通，虽则她们说的京腔与老林的普通话有些差距，可总算是交流无碍，让老林忐忑不安的心稍稍放下。

观察同机的旅客，老林发现类似自己情况的人一定很多，兴奋中带着紧张，有的正襟危坐，心事重重的样子；也有的侃侃而谈，似乎想将多年的思乡情绪一倾而出。老林旁边坐的这位老太，就喋喋不休地说起自己探亲的经验："我上次回去，除了身上穿的一套衣服，几乎都留在家里了！"尽管没看到老林的反应，却还是自顾自地继续说道："我每次回去，除了带电视机、录音机这些大件外，连旧衣服都要，外面来的，什么都是好的。唉，物质太缺乏了！"

邻座老太见老林始终沉默，自觉无趣，只有停嘴。这时机舱也已熄灯，旅客们陆陆续续进入梦乡。老林心想，从1976年"文革"结束，到现在已经七年，不过物质贫乏的现象仍没有明显改变，老百姓每月三五十元人民币的收入，以西方人的标准来看，是出奇低的。

不过这些忧国忧民的心思，在老林心里只是一闪而过，他想得最多的还是春桃和她的孩子，想起最后见面时的那句话，那孩子会不会是我的骨肉呢？

即使见到春桃，也知道有个孩子，可又能怎么样呢？到了那儿，连个商量的人都没有。老林心里琢磨着，其实湘生再过几天也要到上海，自己因为机票早已购好，否则与湘生同行，不但方便很多，也可请他帮忙出出主意，好在行前问湘生要了在上海的联络地址。

离老林飞回国内没几天，谭湘生也搭上飞上海的班机。虽然在美国居住多年，湘生自1949年随着父母到台湾以后，再也没有踏上过大陆的土地，但骨子里流的血液，却让自己对这块土地有着归属的感情。到了1984年，公司看好中国市场，要选派一人去上海，是任期两个月的临时委派，也因为对口单位的英文水平关系，作为公司唯一以中文为母语的员工，他轻易得到了这份差事。

湘生拿到这次任命时，心中莫名地兴奋，为自己能有机会一偿夙愿，得以再度亲近这久违的故土，也可舒散那积年累月堆积下来的乡愁。

湘生进入西北航空的机舱时，机上客人不多，座位相当空，湘生的位子是靠窗的，靠走道坐的是位三十多岁的白人男子，中间的位子则空着，看来这名旅客也是第一次前往中国，竟异常兴奋。他见湘生是华裔，不免主动攀谈起来，自我介绍说："我叫约翰·尤瑟夫，从纽约来，从事纺织生意，这次到中国是去打听商机的。"

两人都是初次去中国，纵然湘生是华裔，通中文，但对这片土地也是雾里看花，欠缺真实的了解，对约翰的问题，他的回答也多是臆测之言。两人聊了会儿，没什么交集，就各自闭目养神，渐入梦乡。

机长宣布飞机已临近上海，湘生紧趴在飞机窗口内往外张望。窗外是一片片白云，底下则是无尽的海洋，即使如此，湘生的目光仍舍不得离开窗口，这白云，这海水，都连接着自己的故乡啊！大概是湘生的神态引起了约翰的注意，他问道："你是上海人吗？"

湘生转过头来，回道："我不是上海人，但中国是我的故乡。"

约翰笑着说："我倒可以说是上海人，我爸爸妈妈都是上海人。"

湘生有点惊讶地看着眼前这个异国的上海人，身材在外国人中不算高，瘦瘦的，虽说是黑头发，不过是卷曲的，白皮肤，脸上轮廓明显，尤其是鼻子，更是西方人的标准，怎么都不像中国人，不过架了副金丝边眼镜，添了些书香气。

约翰似乎察觉到湘生的惊奇表情，顽皮地笑笑说："其实我爸爸妈妈都是在上海出生的，按出生地来说，他们应该算上海人。"

约翰向湘生解释道："在二战期间，中国向欧洲犹太难民敞开大门，许多犹太难民死里逃生，移居到上海虹口区。抗战胜利后，这些犹太人陆陆续续离开上海，但没有忘记在虹口的岁月和中国人雪中送炭留下的真情。"

湘生隐隐约约知道这档子事,没想到会遇到当事人的后裔,不由自主地问道:"那你这次也要去虹口看看吧!"

约翰收起本来嬉笑的表情,严肃地回道:"当然,以前我们犹太人没有祖国,一千多年来,到哪里都受欺凌!"说到这里,约翰脸上有些沉重,但马上转为轻快地说:"可我们现在有了自己的国家,但我们不会忘掉我们的恩人,更不会忘记曾经的苦难岁月,所以我父母让我一定要去虹口,也算纪念先祖的奋斗时日。"

湘生沉默了。中国人在近百年来,还不是处处被压迫?但数典忘祖的不计其数,而我们这一代外省人,又同犹太人何其相似,在台湾是外省人,在美国是中国人,在中国又成了美国人,处处为家又处处不是家,父亲一直以未能回家祭祖为憾,自己无论如何要为他圆这个心愿。

2. 往事如烟

少小离家老大回　乡音未改鬓毛衰
时间：一九八四年
地点：常州

飞机在虹桥机场降落，候机楼有些简陋。老林在停机坪上下来后，经过接驳车，拿了行李，再到入境检查处，初次面对面地看到值勤的解放军士兵，心里竟是五味杂陈。以前是双方敌对，要拼个你死我活，军中的教育是反共抗俄；如今却身在共产党领导的中国大陆，曾经牢不可破的中苏关系，也起了翻天覆地的变化，真是此一时彼一时也。

在出口处，看到有人举着林国标名字的告示牌，老林兴奋地迎上前去。对方是自己的堂弟林国强，如果没有这个告示牌，恐怕还真是相见不相识。不过六十几岁的堂弟，瘦瘦小小的身材，黧黑色的颜面上，布满了深刻的皱纹，虽说是堂弟，但看起来要比老林苍老十几岁似的。

当老林热烈地走向林国强时，堂弟警戒地往后退一步，踌躇半刻，然后才走上前来，抢着接过老林手中的行李，说道："阿哥，我替你拿行李。"接着转过头，介绍另一个年轻汉子道："这是小任，他开车送我们回常州。"

林国强与小任穿的都是黄不黄、绿不绿的解放装，头发很长，好像很久没理过发的样子，脚上则是灰不溜秋的黑布鞋。老林终于了解飞机上那老太所声称的国内物质奇缺的现象，难怪他们看到外来的亲友，会觉得对方一身都是宝了。

小任开的是辆红旗牌轿车，这原是他单位局长的座车，因为局长临时去北京出差，小任就公车私用，开来接老林了。不知是路面不好还是车辆防震系统有问题，车子颠簸得很厉害。经过四五个小时的跋涉，他们一行三人傍晚时终于到达常州。

找了家四层楼宾馆下塌，林国强说道："阿哥，这是我们这里最好的宾馆，刚盖好四年左右。"老林注意到房间还算干净，但地毯已陈旧不堪，墙上油漆也开始剥落，最麻烦的是灯光昏暗，再加上地毯上有许多地方隆起，一不注意很容易跌倒。

国强认识宾馆经理，那经理告诉国强说："晚上八时以后就没热水供应了，宾馆不能拨打国际长途电话，电力供应有时不稳定，另外因房间紧张，可能每天要换房。"

原来宾馆将许多客人的长期包房,趁他们出差不在时,拿出来出租牟利,所以时常要换房,这应该是经济发展赶不上社会需求的缘故所致。

等老林将手续办好,发现电梯坏了。老林住三楼,也没服务生来替客人搬行李,好在有国强、小任帮忙,总算安顿下来。

老林见天色已晚,提议就在宾馆餐厅就餐。哪知走到餐厅门口,服务员拦住说:"已经过了营业的时间,厨师下班了。"老林看了看表,还不到七点钟,正要质问时,国强扯扯他,叫他走,一脸无奈地解释说:"这是国营的,他们有上下班制。没关系,我们到外面吃去。"

于是在一家个体户经营的小饭馆中,三个人叫了几个小炒及一瓶二锅头,吃吃聊聊,都感叹这些国营单位占着茅坑不拉屎,可又拿他们没办法。一边说着,国强就提到老林是否拿美金换些外汇券使用。原来这里外币是不能直接换人民币的,得换外汇券。

国强对老林解释道:"外汇券可以到友谊商店买东西,币值比同价位的人民币高。"老林听懂国强的弦外之音,说道:"没关系,我在哪儿都是换,我就先换些美金给你,改天我再到银行换。"

这时国强冲老板说:"我们今天没带粮票,是议价粮价格。"然后又回过头来对老林解释道:"以前上馆子也要交粮票的,现在物质宽松许多,所以加点钱就不需要交粮票了。"

话题转到粮票、油票等五花八门的票据上,又转到那粮食紧缺的年代,国强与小任似乎有讲不完的故事,但归根结底说:"现在的情况好太多了。"

三人吃着，喝着，老林却看到桌边总站个人，起先以为是等空桌的，后来看看不像。国强看出老林的疑惑，悄悄地告诉他说："这是等我们吃完，打包剩菜带走的。"

其实老林对这些并不在意，聊了半天，在酒酣耳热之际，装作不经意地问道："春桃怎么样，还好吧？"

国强答道："你还记得她呀？也难怪，你那时跟她几乎到了谈婚论嫁的地步，要不是你后来被抓去当了兵，说不定她也跟你去美国享福了呢。"

老林苦笑笑，没接腔。国强这才记起还没回老林的话呢，于是带着些狐疑的眼光看了看老林，说："她生活还好，不过爱人已去世好几年，儿子过得很好，孙女也大学毕业了。"

老林急切地问："你有她地址吗？我想去看看她。"

国强似笑非笑地回道："我去问问，再告诉你。"

入夜，老林躺在宾馆的床上，怎么也睡不着，便干脆重新开了灯，在床上等天亮。天花板上有些水渍，他看着看着，似乎成了两个人……

老林和春桃两家是邻居，也是好友。老林比春桃大两岁，是青梅竹马一起玩大的。春桃与老林的母亲都是江西人，一表三千里，老林就成了春桃的表哥，其实一点血缘关系都没有。本来两家都认为两小无猜是件好事，要准备两人的婚事了。两人也心知肚明，有意无意地找机会约会，这样一来二往，感情越加深厚起来。

有一天，春桃在河边洗衣服，老林正好经过。那天春桃穿着件红格子花布上衣，两条乌溜溜的辫子在胸前晃来晃去。老林蹲在河边的大石上，盯着春桃的大眼睛，有一搭没一搭地和春桃搭讪着。春桃露在袖子外面的手臂，白白嫩嫩，因为用力，带动着藏在衣服中的乳房。再看到春桃浸在河水中的小腿，连带着紧裹在身上的裤子，显示出她优美的线条，更是让老林两眼发呆。这时，春桃也发现老林的目光所在，娇嗔着："你老看着人家干吗？"

老林一惊，身子一滑，就掉入水中，因为不会游泳，还呛了两口水。春桃吓一跳，赶紧跳入水中，将老林捞起。河水不深，两个人站起来时，都全身湿透，曲线毕露。春桃的眼光一扫，注意到老林身上起的变化，脸一红，转身就往岸上走去。老林紧随其后，一把将春桃揽入怀中，身体紧贴，春桃身子一软，任由老林摆布。

不久后，老林被军阀的部队抓去当了兵，以后辗转于各部队，参加抗战，一直未能回家。春桃的父母亲等不来老林，又发现春桃似有怀孕迹象，害怕村里人讪笑，不得已将春桃嫁给了邻村的一个叫林长兴的工匠。等到老林复员回乡，已是离家十年之后的事了。

老林回乡后，总想与春桃见上一面，但春桃的父母不想节外生枝。当老林找到他们，询问起春桃近况，他们一直不肯如实相告，更阻止老林与春桃相见。老林四处打探，终于知道春桃已嫁，并有个儿子。

有一次，老林在街上偶遇春桃，旁边还牵个八九岁大的男孩。谁知春桃一看到他，却闪身躲开。老林并不气馁，最终找到机会，约了春桃见最后一面。当天的情形,老林记得很清楚,春桃穿着件蓝布带小红花的大褂,头发向后梳了个整整齐齐的发髻。春桃避开老林炽热的目光,转向遥远的后方,没等老林开口,她抢先说道:"我已经嫁到林长兴家,以后再也不会跟你见面了。"

望着春桃幽怨的脸,老林只觉得天旋地转,脑中一片空白。停顿了半晌,他才说:"我今天本来是要告诉你,我决定回部队,想问你愿不愿跟我一起走。"

春桃的脸上闪过一丝光彩,但马上被乌云遮盖,眼光转向老林,痴痴地看着,像要把这形象深刻在脑中,一辈子留在那儿似的。

迟疑了一下,春桃幽幽地说道:"怎么走?去哪里?我儿子怎么办?我父母怎么办?"说到这里,眼泪已经淌下来,她继续道:"你走了也行,越远越好,我这辈子不会再见你了,你自己保重吧。"然后她转身离开,泣不成声地留下一句话:"我嫁给林长兴,因为我当时……有孕了!"

老林非但没拉住春桃,"有孕"两字更如五雷轰顶,让他久久地愣在原地,半天未能反应过来。那时正值国共间战事又起,老林知道自己一直在国民党军队服役,如果共产党来了,肯定会被清算,于是再无牵挂地回到部队。

第二天一早,老林刚迷迷糊糊地睡着,一阵敲门声把他惊醒,见国强带着五六个男男女女走了进来。国强忙着介绍这个是某某亲戚,那个是某某姨表,反正老林都没见过,也没听说过。老林似乎体会到什么叫"穷在闹市无人问,富在深山有远亲"的意义。他赶紧打开箱子,把准备好的礼物拿出来,一一分给众人。有个女的眼尖,看到箱子里的一只盒子说:"这盒子包得好漂亮,送谁的?拿出来看看!"然后就想伸手去拿。老林脸色都变了,赶紧把箱子盖上。

这些人都是有备而来,连换洗的内衣裤都带来了,即使没带,也在卫生间里轮流洗热水澡,有的还顺带将衣服洗了,弄得满地是水,几无立足之地。等到一切都消停后,老林又请诸亲友去外面饱餐一顿,大家才姗姗离别。

国强在众人不注意时,塞给老林一张小纸条,低声说:"这是春桃现在的地址,你自己看着办吧。"

老林拿着纸条,思绪马上混乱起来。去是一定要去的,这次回来就是为了要见她,但见面后,又能说什么呢?

老林在宾馆附近包了辆车,虽说也是四轮车,倒像是农机车改装的一样,一路颠簸地赶到春桃所住的小村落。村子里路窄,老林让车在外面等着,然后照着地址,倒是不难就找到了林长兴的老宅。老宅一面的墙上有白漆的计生标语,另一面墙上则是"生产报国"四个大字。老林在围墙外徘徊良久,不知该不该进去,后来发现路过的村民都用狐疑的眼光看着这个装束打扮都与众不同的外来客,才终于鼓起勇气,一脚踏入大门。

一位老妪正在院子里的桌上晾晒干菜,见有人进来,抬头问道:"你找谁啊?"

仔细辨认眼前的这位老妇人,灰灰白白剪得齐耳的短发中,夹杂些丝丝缕缕的黑色,干瘪的脸上爬行着皱起的纹路,眯起的双眼透露出无神的目光。老林不觉鼻中一阵酸楚，是的，是春桃，虽说已不是旧时的模样，但轮廓上依稀辨认得出来。

老林颤抖地叫道："春桃，是我，国标！"

春桃像一下子受了惊吓，摇摇欲坠地扶着旁边的桌子站稳，再眯起眼来，想看清楚面前站着的这个男人。

"春桃，是我，我是国标啊！"老林重复着介绍自己。

春桃这才回过神来，揉了揉眼睛，说道："真是你呀。"故作镇静的神态下，掩饰不住惊慌的心情，她有点语无伦次地接着道："你……你……从哪里来的？"想了想，继续说："你看，客人来了，我都不晓得招呼，来来，屋里坐！"

客厅中间是张八仙桌，原来挂中堂的地方，挂了张毛主席的相片，桌上则放着茶壶和三只茶杯，还有只红壳热水瓶。看到春桃老态龙钟地在为自己张罗茶水，老林心中不忍，连忙说道："别忙了，我们坐下来说说话吧。"

老林一边说着话，一边注视着坐在对面的春桃，心里实在很难与记忆中的那个小姑娘连接起来。美人自古如名将，不许人间见白头。其实照照镜子，自己何尝又不是如此！在这生命已接近终点时，什么都不重要了，重要的是还能做些什么，求个心安，了些夙愿！

老林打量一下周围，欲言又止地问道："你……你现在一个人住吗？"

春桃苦笑了一下，眼望远方，回答道："长兴已经走了五年，林海又住上海，家里就剩我一人了。"她的语气中难掩落寞。

听到林海的名字,老林似被触动了深藏的神经,紧张却意味深长地问道:"林海,你的儿子?"

春桃顿时警觉到这个问题的含义,看了老林一眼,回道:"对,是长兴跟我的儿子。"

老林流露出失望的表情,追问道:"你跟长兴的?"

正在这时,门外响起一个年轻女孩的声音:"奶奶,有什么吃的吗?我饿死了!"对方走进来才发现屋里还有客人,稍一怔,说道:"对不起,我不晓得有客人。"

春桃忙立起身来,慈爱地笑着说:"奶奶马上替你去弄吃的。"想起还没介绍,又说:"这是我孙女雅芳。"再转过头,却不知如何介绍老林。老林也站起来,自我介绍道:"我叫林国标,是你奶奶的表哥。"

雅芳嘴里说道:"那我应该叫你表舅公了。"脸上却显露出纳闷与狐疑的表情,怎么以前从没听说过这门亲戚?

老林看出了雅芳的疑惑,接着补充道:"我一直在美国,这次是特地回来看你们的……春桃,你去忙吧,我让雅芳陪我聊聊。"

春桃看着眼前的这一老一少,不禁百感交集,眼泪几乎夺眶而出,心想,是他的孙女,就让他们多聚聚吧!

老林端详着雅芳,娇小的个子,细细弯弯的眉毛,一双凤眼,鼻梁又挺又直,丰厚而恰如其分的双唇中,露出两排细小的贝齿。雅芳此时穿着件白衬衫,下面是一条半长不短的黑裙,眉目中依稀有春桃当年的影子,是个美女。

老林在与雅芳的闲聊中,知道雅芳是复旦大学外文系的高才生,毕业后被分配到上海对外文化交流协会工作,这次是趁休假回来看奶奶的。更重要的是在闲谈中,老林还推算出雅芳的父亲是1939年生,正是自己被抓去当兵的那一年。这么说来,雅芳就是自己的孙女。想到这里,老林恨不得将雅芳拥入怀中,可现在他只能看,无法相认。

老林从挂在身上的包中,拿出一只包装精美的小礼盒,交给雅芳道:"第一次见面,没有好东西送你。这块手表原来是准备送给你奶奶的,但现在看来给你更合适!"

雅芳正要推辞,老林又从包里掏出几瓶药片:"春桃,这是给你的多种维他命和补骨质疏松的钙片,老人要自己保养,别人没法帮你。"

春桃忙说:"你这是干吗?来看我们就好了!"雅芳也欲将手中的礼盒退还给老林。

老林脸上露出祈求的表情,嘴里忙不迭地说道:"除了堂弟国强,春桃,你是我世上唯一的亲人,我现在年纪也大了,还不晓得能不能再见你们,你收下吧,我会心安点!"他对着春桃说,眼睛同时看着雅芳。

春桃看出老林已经了解雅芳的身份,叹口气,对雅芳说:"这是你表舅公的一番心意,你就收下吧。"

老林这时又拿出两张纸来,说道:"这是电视机和录音机的提货单,不过是在上海提货,你们方便时去领取。"

春桃说:"那怎么可以,这礼太重了!"

老林:"钱已经预付了,我也没旁人可送,就送给你的儿子,当见面礼吧!"

春桃双眼湿润地看着老林,似乎又回到年少时的情景,仅叹口气,没再说什么。

3. 有缘千里会

此心安处是吾乡

时间：一九八四年

地点：上海

湘生班机降落到上海虹桥机场后，对口单位派车辆来接。湘生正与接待人员说着话时，约翰走过来，原来他还没看到接待单位，湘生帮他四处张望，见到上海市对外文化交流协会的接待人员，举着写着约翰的名牌，打个招呼后，发现是交流协会周处长来接约翰的。

大家寒暄几句，听说湘生也是来找生意契机的，周处长非常高兴，急忙说："我们交流协会就是上海市对外的窗口，谭博士要找任何生意我们都可以帮忙。"周处长指着站在旁边的年轻女孩说：

"这是小林,以后谭博士有什么需要,找她好了。"

大家互相交换名片,因为周处长不懂英文,所以与约翰的交流都由小林翻译,湘生在旁做些补充。湘生就是这时候认识雅芳的。

谈话中,知道约翰与湘生预订的是同一家酒店"国际饭店",周处长说反正是同路,而且他与湘生对口单位也熟,就邀请湘生坐交流协会的车一起走,回掉了原本接湘生的车。坐车时,他特地安排雅芳与约翰同车,而自己则与湘生另坐一车。

在机场大厅时,雅芳要替湘生拿行李,被湘生拒绝,怎么可以让女士拿重东西呢?湘生当时因忙着与接待人员打招呼,也没特别留意到雅芳。

湘生在国际饭店办理好登记手续,入住后,因为有事又走出客房来到大厅,吃惊地发现雅芳还在沙发上等候着,他这才再次注意到这名女子。湘生马上过去打招呼,问起来才知道别人都已离去,周处长让雅芳再等会儿,看约翰或湘生有没有事情需要帮忙,雅芳便傻乎乎地在那里等着。

湘生本想请雅芳喝杯茶,雅芳客气地推辞,于是两人坐在沙发上聊了半天。面对湘生,雅芳开始时不太自然,基本是对方问一句,她答一句,显得有些腼腆,聊久了,才慢慢热络起来。

与雅芳进一步熟悉,是老林到上海来找湘生以后的事了。那天柜台打电话给湘生,说大堂有人找他。湘生下楼后,惊讶地发现是老林,更没想到老林与雅芳会一起出现。雅芳似乎也有同样的感觉。老林并没有察觉到两人表情的异样,还一本正经地对湘生说道:"没想到是我吧！"然后转身骄傲地介绍起雅芳来："这是林雅芳，是我侄孙女！"又向雅芳介绍道："这是谭湘生，是我在洛杉矶的朋友。"

湘生惊奇到几乎嘴都合不拢，然后扑哧一声，笑出声来，回应道："我认识林小姐。"这时雅芳也几乎同时响应道："我认识谭博士。"老林愕然地环顾着两人，雅芳忙解释道："谭博士是我们交流协会的贵宾，我们之前就认识了。"三人互相看了看，同时笑起来。

老林见此情景，冲口而出："这就是有缘呀！"湘生听到这话，心中一动，忙转过脸去看雅芳。雅芳的眼光触碰到湘生的眼神，赶紧低下头，脸都红到脖子上了。湘生忙岔开话题："别站在这儿，我们先到咖啡厅坐坐。"三人于是在宾馆的咖啡厅坐下。

老林到上海来找湘生，明的是为了替刘亚民找他的儿子刘志国，有无从下手的感觉，想请湘生帮忙；另一个真正的理由是想和雅芳多处处。

老林对湘生表示希望他能帮忙寻找刘志国，湘生笑笑，回应道："其实我也要替王伯母找她女儿王倩，两人正好一起找，不过我也不知道要从哪儿开始。"

雅芳听到两人对话，插嘴道："最好你们能透过相关部门去查，会方便很多。"雅芳说完后，又有点不好意思地补充道："其实对外文化交流协会可以帮忙做这事。"

雅芳看到湘生及老林投来的询问的眼光，忙解释道："只是我人微言轻，如果你们海外人士去讲，效果可能会大不相同。"

湘生决定第二天去正式拜访周处长，一方面是请他帮忙寻找王倩及刘志国,另一方面想委托他替公司寻找国内市场。

在咖啡厅中,湘生坐在雅芳对面,感觉雅芳是那种越看越耐看的女人,不由得被她所吸引。雅芳讲话时声音很轻柔,有吴侬软语的味道,一问,她母亲果然是苏州人。她笑起来的时候,声音特别好听,后来湘生总是挖空心思地想些笑话,就是想听她的笑声。

翌日,湘生去对外文化交流协会,进门就见到周处长。因为两天前才见过,周处长连忙过来打招呼:"谭博士,你好,有什么事需要我帮忙吗?"

湘生微笑着道:"周处长你好,我今天来是想托你两件事,一是想麻烦贵协会替我的公司开拓市场,介绍些客户;二是我受人之托,要寻找两个人,不晓得贵单位帮不帮得上忙?"

周处长一口答应下来,请湘生到办公室细谈,也找了几个年轻人进来介绍给湘生,却唯独没有雅芳。后来的几天中,雅芳也没出现。倒是与周处长常有联络,周处长也帮忙安排些对口单位的约谈。

有一次,湘生装作不经意地问周处长:"对了,那天在机场碰到的约翰怎么样?还在上海吗?"

周处长答:"还在啊!雅芳,就是那天你见过的那位女士,她在接待约翰,每天要陪他去见厂商。"

湘生有些许的怅然若失之感。不过一周后,雅芳就回到处里办事,原来约翰只是初步的探路,说好回去与公司研商一下后,会马上回上海的。湘生见雅芳回来了,内心非常高兴。

雅芳看到湘生在交流协会与周处长讲话,有些惊奇。周处长叫住雅芳，告诉她说："谭博士是来洽谈业务的，以后你多帮帮他忙。"

雅芳听到这话，挺高兴的，当着周处长的面说："太好了，只要谭博士不要嫌我太笨就好！"

湘生不由得笑起来，说道："我还怕你嫌我笨呢。"

雅芳对湘生的印象也不错，尤其是经过表舅公的介绍后，备觉亲切，觉得他没架子，容易相处，并且语言没有障碍，沟通容易，此番能回来接待湘生，心情还是蛮愉快的。

雅芳忆起在机场接机时，就觉得湘生在气质、举止上，与国内同胞不大一样，后来在国际饭店大堂的沙发上，雅芳直觉湘生在打量自己，不由得双手环抱，两腿也往后收缩起来。

湘生虽是四十岁光景，但看起来还年轻，一副神采奕奕、自信满满的模样。

雅芳犹记得他当天穿一套深色西装，打一条红黑相间的领带，三七分的头发，一看就是外来客，带着几分洋气，与本地人不同。

在对外文化交流协会替湘生接风的宴会上，雅芳是资历最浅的员工，替大家倒茶添酒，被认为是理所当然的事。湘生看到后，也站起来为众人服务，嘴里说着："喝茶！喝茶！"弄得大家都不好意思。于是每人都抢着倒茶加酒，后来湘生提议："不要麻烦了，全都自己来吧。"

雅芳觉得湘生就是这样的人，很亲切，会体谅人，注意别人感受，从不让人难堪。处久后，她对湘生的心理防线也就消失了。湘生很风趣，逗人喜欢，也讲些国外的风土人情，对那个时代的人们而言，是特有吸引力的。

前几天,雅芳接待的客户约翰却是另一类典型。约翰虽然年轻,但是个非常精明的商人,周处长知道约翰是来寻找商机的,就关照雅芳尽量安排约翰与厂家会谈的机会。

约翰每到一处,都会非常仔细地提出一系列问题,有的是很专业的,连技工都被难倒了,回答不出;有的问题却非常一般,譬如每年采购原料的数量、职工人数、产量与机器的配置、管理人员的多寡等。这些问题看似无心,实际上是经缜密计算的,并由此推断出厂家的效率、管理的冗员,甚至会随机问某位员工一些生活上的细节,如用餐时间准不准时、伙食如何,由此推断出职工的积极性及责任心。约翰会详细记录这些问题及答案,他开玩笑地对雅芳说:"这是我每天的家庭作业,我父亲要检查的。"

实际上,约翰会将每一个厂家的产品、报价,与其他厂家去比较。他是既要马儿跑,又要马儿不吃草,不过最后选择的两家工厂倒不是报价最低的,但留给他们的价格空间似乎有限,雅芳终于见识到犹太商人的精明能干。

除业务外,私下里,约翰是个纯真的男孩,对女性很绅士,也喜欢说些笑话。可是雅芳对有些美国习俗及俚语不太懂,看到雅芳有些茫然的时候,约翰会耐心地解释给雅芳听。让雅芳对约翰有更深一层了解的,是去参观虹口的前犹太人居住区时,约翰所表现出的虔诚和对中国人民的感恩。

上海市西起公平路,东至通北路,南起惠民路,北至周家嘴路,这个区域在二战时，曾接纳近两万名犹太难民。现在这里已没有犹太人了，但挤入了更多的人口，窗外晒的衣服形形色色，加上年久失修的缘故，整个区域显得有些陈旧不堪。约翰拿着张小纸条，上面写满地址及注释，譬如说某某理发店、某某面包店，约翰说："我爸爸当年跟这个理发师是好朋友，我叔叔在这家面包店做过工……"因为很多街道都已改名，雅芳费了好大的劲儿，并通过属地派出所的协助，才弄清了这些地方以前的路名。

约翰放慢脚步，在这些小街小巷里一边做笔记，一边照相，以此缅怀先人们在这里的生活历史。到了长阳路62号，这条路原名叫华德路，约翰端详半天，才确认这就是原来的犹太教堂摩西会馆，现在则成为虹口区人防办公室，部分房屋还住进了居民。约翰站在门口沉思片刻，对雅芳说："这里原是我们犹太教教堂，除了底楼作为教堂，它的二楼则是学校，我的许多亲戚都在这儿上过学。"

约翰转过头来，看着雅芳说："我们会记住中国人的恩典，因为二战期间，欧洲犹太人惨遭法西斯的屠杀，但这些来到中国的犹太人却在虹口找到了新家，没有被排斥，并得到许多帮助，我们会永远记住的。"

雅芳看着约翰真挚的表情，知道这话是他的肺腑之言。

再次接待湘生，雅芳少了先前的那份拘谨，而且朝夕相处，慢慢也就熟稔起来，两人几乎成为无话不谈的朋友；再加上许多身边小事，让雅芳对湘生有了进一步的认识。

有一次，雅芳陪同湘生经过一处建筑工地，正巧看到一位老人拉着辆满载木料的板车在上斜坡。老人明显乏力得拉不动了，上衣的右肩上已磨损不堪，露出一条被拉车的布带勒得红红紫紫的血痕。只见湘生二话不说，脱下上装往雅芳的手中一递，就走到板车的后面奋力相推。上了坡后，湘生掏出身上的一些纸币，交给呆站在那里不知所措的老人，然后迅速离开。

湘生面色沉重地对雅芳说："你看这些工人，中午光吃些米饭，没有其他菜肴，日子过得太艰辛了！"

雅芳目睹这一幕，心中也有感触，不禁沉默起来。湘生注意到雅芳的情绪变化，为转变话题，跟雅芳说："其实我以前也住过农村的，一九四八年，我们搬到湖南乡下的外公家，那里可好玩了。我没有正规的学校可上，仅读过几天私塾。对了，我有没有跟你讲过，我祖父就是私塾的老师，他的长孙倒成为别人的学生。"

说着说着，湘生好像在追忆童年时的快乐时光，眼睛看着前面，却用脚把路上一块小石子踢飞起来，差点打到前面的路人，吓得雅芳蒙住眼睛，湘生自己也吓一跳，伸伸舌头，微笑道："好险，还好没踢到人！"歇了口气后，他继续说："那时开门出去就是大片的油菜花田，田里开起花来可漂亮了。外公家的用人会带我出去，有时坐独轮鸡冠车，有时坐箩筐。我坐过的交通工具可多了，还坐过竹排、撑杆小渡船、黄包车、三轮车，连在家玩耍时，都在院子里拖张椅子当黄包车，日子就这样过去了……"

雅芳有趣地注视这童心未泯的专家，从内心里浮现出一丝笑意。

湘生不挑食，给什么吃什么，每次自己碗里的东西一定要吃得干干净净。他说世界上还有那么多人没饭吃，我们是不可以浪费的。

记得跟湘生熟悉后，雅芳也请他到家里吃过一次饭，就是坐在客厅兼卧室中，唯一饭桌兼书桌的木桌上，湘生坐椅子，雅芳坐床上，爸爸在厨房忙，妈妈则打下手。饭菜陆续上桌，湘生执意要等四个人都坐定了才肯动筷，以至于等得饭菜都凉了。席间，爸妈不断地夹菜给湘生。吃完后，湘生对雅芳做个鬼脸，指指肚子说，这是他在中国吃过的最好一餐。

雅芳对湘生说："过两天就是清明，许多人要回乡扫墓，有事就要赶快办！"

湘生显出迷惑的表情，问道："不是说国内要破'四旧'，把这些习俗都革除了吗？"

"'文革'时期这些的确是被禁止的，但现在都恢复了。"雅芳回道。

湘生想到父亲的愿望，回乡祭祖也是多少离乡背井国人的期盼，其实这也是中华文化得以延续下去的一个重要因素。

湘生曾经与雅芳提到过想回湖南乡下扫墓祭祖的事，他说："这是我父亲一辈子的愿望，但很长时间国民党不准台湾人民赴大陆探亲，加上他现在腿脚无力，又有关节炎，行动不便，更不可能亲自来了，只有我替他圆梦！"

雅芳想了下，迟疑地回答道："这个事你最好请周处长帮忙，现在车票很紧张，不容易买到，而且前几年破'四旧'时，许多坟地都被铲平，宗祠也遭破坏，你要实现这个愿望可能会有些困难。"

原以为这是个简单的要求,没想到这么复杂,湘生的脸上露出难以置信的表情。"无论如何我还是想回乡去看看的!"他说。

周处长听到湘生的请求,想了一想,然后回道:"你把地址写给我,我来替你安排一下。"但正如雅芳所预料,安排湘生祭祖的事,周处长也没了下文,而湘生在沪工作需要告一段落,必须回美国了。

返美前,湘生仍不死心,又追问周处长有关回乡的事。

周处长尴尬地笑笑,说道:"这事有点困难,因为你那乡下太偏远,连电话都不通,联络非常不方便。若你现在要回去,时间也不够,不如你下次来时,先回乡下,再到上海来办正事会比较好。"事到如今,湘生无话可说,也只有如此。

送机时,雅芳习惯性要替湘生拿行李,湘生忙不迭地抢过来说:"我自己来,我自己来!"雅芳笑笑,也不再争。

等周处长离开,湘生对雅芳说:"我会回来的,希望能再看到你!"

雅芳脸一红,没有接话。

第三章

一片芳心千万绪

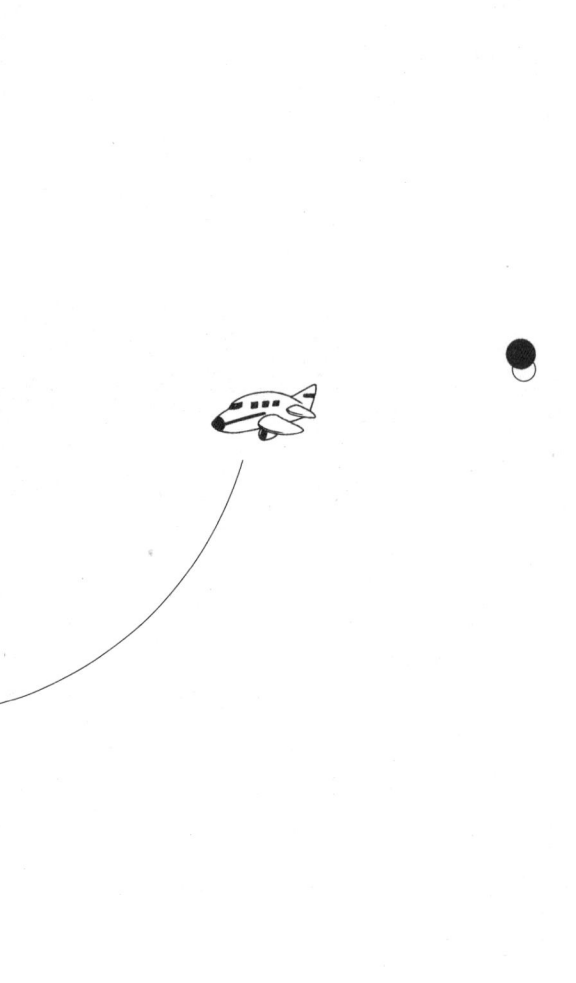

1. 我欲乘风归

之子期宿来　孤琴候萝径

时间：一九八五年

地点：洛杉矶、常州、盐城

湘生驱车前往老人公寓，一路上感慨万千。王伯母过世，夏伯母老年痴呆，父亲中风，这些风烛残年的老人，是任何事情都可能发生的。他们这一代人生逢离乱，终其一生皆在奔波逃难之中，每家都有个悲欢离合的故事，如今终老异乡，并非所愿，却又无可奈何，自己所能做的，也只有嘘寒问暖，帮点小忙，给些精神慰藉罢了。

湘生到达老人公寓后，径直奔向父母居处。因嘉善中风已经两个月，是在湘生去上海期间发病的，怕影响湘生的心情，等他回到了洛杉矶才通知他。嘉善半身瘫痪，没办法行动自如，也给如玉添了不少麻烦,除日常照顾饮食外,任何动作都要有人搀扶和帮助,他自己是无法独立自主的。如玉只好停掉所有的外界活动,专心在家照顾嘉善。

湘生跑老人公寓更勤快了,总想能帮上什么忙。其实除了精神支持,他能做的实在有限。

湘生进门时,如玉正在替嘉善做脚底按摩。原来有位按摩师替老人服务时,如玉就上了心,央求按摩师教她手法,以后就成了如玉的功课,每天替嘉善做脚底按摩。看到湘生进来,如玉赶紧说道:"湘生,你来得正好,扶你爸爸到楼梯栏杆旁,让他抓着栏杆做起立、蹲下的动作,我好洗手去做饭。"

嘉善开始做起、蹲的动作,才做几下,就已气喘吁吁。他停下来,看着湘生说:"我把你妈累惨了,昨天晚上我摔倒,爬不起来,结果你妈趴在地上,叫我趴在她身上,好爬起来,但是她没力气撑起我,折腾了半天,两人都起不来,在地上睡一夜。"说到这里,嘉善的眼泪都流出来了,停顿一会儿后,接着说道:"直到今天早上,还是通知公寓服务处的人来帮忙,才能爬起来!"

嘉善摇摇头,脸上的眼泪和鼻涕混在一起,湘生忙拿出手帕替他揩干净。嘉善继续抽泣道:"唉,我对不起你妈!我宁愿早点死,让你妈好轻松些,可怜的是我这辈子可能回不去老家了!"

湘生看着父亲,不知如何接腔。

嘉善中风后,情绪容易激动,常常哭泣。凡是行动不便的病人家,最苦的还是照顾他的家人。有一次,淑容看到如玉将嘉善的腿上绑上绳子,然后一拉一扯地帮助嘉善做腿部运动,淑容就劝说道:"这样会累死你的,你可以让他自己做呀。"

如玉苦笑道:"中风的人,生的都是懒人病,你让他自己做,他什么都不会做,所以一定要让他强制运动。"

饭后,湘生照例陪父母聊天。因如玉在淑容家里碰见了老林,如玉笑说道:"老林自从探亲回到洛杉矶后,像变个人似的,总是笑口常开,快活得不得了,逢人便述说他回乡下的故事。"

嘉善露出羡慕的表情,接道:"他孤零零一个人,离家几十年了,能不兴奋吗?我要不是因为中风不能动的关系,都想回去看看!"

有一次,老林去探访刘亚民夫妇,见刘亚民又在翻他的相册,便忍不住地问道:"刘将军,你考虑不考虑回家乡看看?"

刘亚民抬头看淑容一眼,然后把眼光转回来,停留在姚爱月及志国的那张照片上,叹了口气,回道:"我这身份有些敏感,也许暂时还不能回去。"

老林领会到刘将军的意思,一则是刘亚民原来在台湾"国防部"第二厅工作,是情报单位,所以对赴大陆探亲还是心存忌讳;二则由于曾淑容是如夫人,两个儿子忠国、建国都在身旁,他们没有回祖国大陆的念头,甚至还有些排斥,特别是原配姚爱月尚在,淑容的地位有些难堪。

刘亚民看看老林,沉思了会儿,又补充道:"虽然志国没消息,但是姚夫人及孙子刘东还在老家,我们曾通过两封信,也经常寄点钱回去。"

老林郑重地回应道:"待我下次回去时,一定会替刘将军去看看他们。"

这样不到一年,老林又来到春桃家。老林发现春桃改变了许多,变得年轻,变得精神,更重要的是变得积极和乐观了。

这次回来,老林预先写了信通知,所以林海一家人也从上海赶来了。上次老林回来时,就跟林海见过两次面,林海对这天外飞来的表舅印象不错,不是因为他带来的许多礼物,而是那次见面时有种天生的亲切感。

老林借宾馆的餐厅请客,把春桃及国强两家人都请来聚餐。会餐前,先由国强拿了香烟和洋酒到厨房打点,也不点菜,任由厨房配菜。开席一看,果然是山珍海味应有尽有,都是平日不容易吃到的菜肴。老林先向国强敬酒,说:"这次多亏老弟帮忙,否则哪能有如此丰盛的酒席!"

国强笑道:"这还是烟酒的功劳,所谓靠山吃山,靠水吃水,厨房就是靠这些酒席,赚点外快。像我是做木工的,家里的桌椅板凳就不用愁了。"

然后大家七嘴八舌地议论纷纷,归根结底就是俸不足以养廉,没有外快怎么改善生活呀?

老林见话题扯远了,找了个机会对雅芳说:"雅芳,我要到盐城去看我老长官的家人,你有空陪我一起去吗?"他嘴上问着,眼睛里却充满了祈求的神情。

雅芳根本没留意到老林的表情,爽快地答应道:"表舅公,没问题，盐城就在附近，反正我休假，明天陪你去。"

国强的爱人冲着老林插嘴道："雅芳最乖。你看，还跟你挺有缘的，长得也和你有点像。"

老林及春桃心中不觉一怔，但表面都未显示任何异样。幸亏这时国强应声道："外甥像舅舅，这也是情理之中的事。"

姚梦月的家在一幢居民楼的四楼，一室一厅，有四十几个平方米。客厅里放着一张沙发，上面还有床被褥，另有一张方桌，上面可见热水瓶、茶壶及几只茶杯。应门的是位四十多岁的大婶，当老林及雅芳告知来意，并问及对方屋内可住有姚爱月时，爱月在里面听到声响，赶紧有气无力地回应着。原来，姚爱月已经卧床多年，生活无法自理，需要有人照料。

听说门外是来自美国的刘亚民的友人，姚爱月挣扎着想要起床，但力不从心，被身边的方大婶劝阻住。爱月指着她说："这是小方，帮忙照顾我的。多亏亚民最近常寄来钱，还真用得着。"

爱月接着满意地说道："我以前因为海外关系吃过不少苦，现在靠党和国家的照顾，还分得了一套房子。"

老林怜悯地看着爱月，这位一辈子吃苦受难的女人，丈夫没得依靠，儿子生死不明，不知道孙子现在如何。这时雅芳走上前去，坐在床旁，她握着爱月的手说："老奶奶，我们给你带了些点心来，看你喜不喜欢？"

爱月看到糕点，眼睛淌下泪来。当年由于海外关系，志国被分配去做清洁工工作，其收入根本不够家用，需要靠变卖以前亚民留下的一些饰物作为补贴。各种运动频繁兴起,志国时常遭殃。有一天,门外突然闯进大批汉子,直接给志国戴上"反革命分子"的高帽子,然后一边一个,由两个民兵反剪着他的双手,从家里押到一个临时搭起的平台上,责令他跪下。平台的上方挂着"公审反革命分子刘志国"的白布横幅,台下是群情激昂的百姓,一阵阵口号声和辱骂声此起彼伏。

爱月在台下看着志国受辱的这一幕,心如刀割。志国一生心高气傲,从不向人低头,现在即使受到这般羞辱,仍使劲昂着头。当他的眼光扫向台下见到爱月时,爱月明显感到他眼中的悲愤,但随即转为悲哀、痛惜、灰心及无奈。志国昂着的头很快被旁边立着的民兵强压下去,还挨了一顿拳脚。

过了很久,志国终于被释放。回家后的第二天,他就失踪了。他留了封信,说是想去当铁路建筑工人,从此再无音信。不久,志国的媳妇也跳湖自尽,只剩下孙子刘东。城里是待不下去了,祖孙俩只能回到爱月的农村娘家,相依为命。

农村的生活其实更加艰难,也就是勉强活下去而已。有一次,爱月带刘东到县城,经过一家糕饼店,刘东眼馋得几乎不想挪步。爱月看着好心疼,不过家里能卖的早卖了,仅剩下一件皮大衣找不到买主。一天,终于有个县里的干部家属愿意收购她的皮大衣。爱月抚摸着柔软的皮毛,几乎讲不出话来。这是亚民留给她的最后的纪念物了,也是家中唯一还值钱的东西,但现在要紧的是活命,其他都是次要的了。爱月紧紧握着换来的五元钱,下个月的伙食费是有了，可再下个月怎么办？

不管了，能多活一天是一天。再次经过糕饼店时，爱月花了一角五分，买了块饼揣在怀里，赶紧回到家中。她看着眼睛发亮的刘东捧起饼来，三口两口就吞下肚里，而她自己却一个劲地咽着口水，还哄孙子说，我已在回家的路上吃过了。

后来赶上了改革开放的好时代，由于有海外关系，祖孙俩终于回到县城，还分得了住房，再加上刘亚民经常寄来的生活费，爱月觉得自己似乎到了天堂。

见到雅芳，爱月的眼睛一亮，开心地说："这位姑娘真好！"没等爱月问，老林介绍道："她是我的表孙女林雅芳。"

爱月问道："姑娘，你有对象了吗？"

雅芳羞红了脸，摇摇头。老林接着话说："还没呢，等老奶奶介绍哩。"

正说着，一个年轻人闯了进来，见屋里有客人，眉毛一扬，问道："奶奶，他们是谁呀？"

老林对这年轻人的无礼稍有些反感，爱月介绍道："这是我孙子刘东……这两位是你爷爷的朋友和他表外孙女。"

刘东打量着雅芳，本来桀骜不逊的态度马上转变了，殷勤地说道："哦，原来是爷爷的朋友，坐坐，我去倒茶！"

刘东端着茶水从厨房里进来，又问道："我爷爷最近怎么样？"他的眼睛却不停地扫向雅芳。

老林说："你爷爷挺好，不过因为他以前在国民党政府里当过官，暂时还不方便回来探亲,所以叫我来代他看看你们,看有没有什么需要帮忙的。"

刘东的声调突然高了起来,说道:"最苦的日子都熬过来了,还需要他帮什么忙!"

刘东说这话时,老林已经打开带来的手提包,里面有西洋参、电子表,最后还拿出电视机的提货单,一并递给刘东。

刘东的脸色方才缓和下来,问道:"不是可以带三大件吗?"

老林解释道:"因为刘将军自己没来,还有别人也托我带东西,因此这次只能给你们家带上一件了。"

刘东说:"其实他不来也行,但愿我将来能出去探亲,去美国看看他老人家。"当刘东得知雅芳住在上海时,又高兴地说:"太好了,我现在复旦大学读研,如果你有空,我请你出来吃饭。"

雅芳礼貌地应道:"好啊,有机会我们上海见!"

2. 初　恋

落尽千花飞尽絮　留春肯住欲如何

时间：一九八五年

地点：上海

雅芳回上海不久，有一天下班时，就看见刘东等在街旁。他一米八的身高，俊俏的外貌，是讨女孩欢喜的类型。雅芳从没交过男友，缺乏恋爱的经验，见到刘东，不禁怦怦地心跳起来，也不知是为了什么。

刘东追雅芳很殷勤，几乎每天都来，两人的感情渐渐热络起来。同事们都很羡慕雅芳有个如此英俊的男友。不过真正吸引雅芳的是刘东的才气。由于对中国古典诗词的同好，两人常在一起讨论，有一次提到岳飞的《满江红》时，刘东表示除了这首广为流传的"怒

发冲冠……"外,岳飞另外还有首《满江红》是描述黄鹤楼的,他也很喜欢,那首《满江红》是这样写的:

> 遥望中原,荒烟外,许多城郭。想当年,花遮柳护,凤楼龙阁。万岁山前珠翠绕,蓬壶殿里笙歌作。到而今,铁骑满郊畿,风尘恶。兵安在?膏锋锷。民安在?填沟壑。叹江山如故,千村寥落。何日请缨提锐旅,一鞭直渡清河洛。却归来,再续汉阳游,骑黄鹤。

刘东还颇有感触地说:"你看,'江山如故,千村寥落',我虽然不能请缨提锐旅,但希望有一天也能成就一番事业,然后'再续汉阳游,骑黄鹤'。"

雅芳简直是以仰慕的心情来看刘东的,后来雅芳也寻找资料,抄了先烈秋瑾在三十岁时,填写的一首《满江红》给刘东看。

满江红·小住京华

> 小住京华,早又是,中秋佳节。为篱下,黄花开遍,秋容如拭。四面歌残终破楚,八年风味徒思浙。苦将侬,强派作蛾眉,殊未屑!身不得,男儿列。心却比,男儿烈!算平生肝胆,因人常热。俗子胸襟谁识我?英雄末路当折磨。莽红尘,何处觅知音?青衫湿!

第三章 一片芳心千万绪

刘东接过雅芳的手抄,看完后对雅芳说:"秋瑾在词中说自己'身不得,男儿列。心却比,男儿烈',你想学她吗?"

雅芳不以为然地看看刘东,带点责备的口吻说道:"你不佩服秋瑾吗?"

刘东的嘴角牵了下,带点趣味地笑道:"这些救国救民的大业,还是留给我做吧,你就留在家好好做个家庭主妇算了。"

雅芳半生气、半开玩笑地说:"现在都什么时代了,你这个重男轻女的家伙!"然后假装要捶打刘东,却被他捉住双手。刘东一边柔情地说道:"我跟你开玩笑的!"一边却强有力地将雅芳揽入怀中。

雅芳与刘东交往一阵,有一天回家,她见父母都在厅里坐着,显然是在候着自己。没等雅芳开口,母亲夏娴已迫不及待地说道:"雅芳,你坐,我们有话要问你!"雅芳面对父母严肃而又带着期盼的眼光,虽揣摩到他们要问什么,但心中还是有点忐忑不安,便顺从地在他们对面坐下。夏娴问:"你最近是不是交男朋友了?"

雅芳低下头,避开父母的眼光,轻声地回道:"没有啊!"

夏娴用着怜爱又有点责怪的口气说道:"还说没有,你看你最近高兴的样子!我们都是过来人,还能看不出来?"

雅芳俏皮地反问:"那你们当时是什么样子的?"

林海用略微严峻的口吻说道:"别转移话题,我们在问你呢。"

雅芳娇羞地低下头,嗫嚅道:"最近是有个朋友走动得比较多点!"

林海与夏娴几乎同时发声道:"是谁?"

雅芳不好意思地回道："他叫刘东，你们不认识的。"

夏娴没等雅芳说完，又问："你们怎么认识的？"

雅芳答："是表舅公朋友家的孙子。"她偷偷看了父母一眼，见没什么反应，又补充道，"他也是复旦的学长，现在正读研。"

林海和夏娴都好像松了口气。林海接着问道："他是哪里人？"

夏娴也追问道："他家里是干什么的？"

听到刘东是苏北人，家里又是"黑五类"，林海的脸色开始阴沉下来。雅芳注意到父亲表情的变化，忙不迭地解释道："他是个很上进的人，原是知青支边到东北，直到恢复高考后才考上复旦大学中文系，大学毕业后又继续读研。他非常有才气，是学校有名的才子。"雅芳的语气虽然平和，态度却是十分坚定。

夏娴感觉到气氛不是十分和谐，便和颜悦色地说道："我们也不是反对他，只是怕你年纪轻，看错人，将来吃苦头！"

雅芳听了这话，顿生反感，一挺腰，反驳道："我也是成年人，好歹我还是晓得的。"

夏娴见状，忙打圆场道："这样吧，哪天你约他到家里坐坐，让我们看看他。"

当雅芳看到刘东穿着件草绿色的解放装，脚上是一双布鞋，就这么风尘仆仆地出现在家门口时，几乎要昏倒，她嗔怪道："不是叫你穿整齐点的吗？"

刘东的眉毛往上一挑，回道："我就是要他们看到我的本来面目！"

话虽如此，刘东在林海和夏娴面前还是表现得很拘谨的样子，后来雅芳陪着母亲去厨房，只留下林海与刘东相对，两人有一搭没一搭地闲聊着。当林海问到刘东毕业后做何打算时，刘东的回答着实让林海吃了一惊！

刘东先是毕恭毕敬地答道："当然是服从学校分配。"然后想了少顷，又接着说，"但如果是让我当教师，我是不会服从的！"

林海听到这话，有些反感："那你想做什么事呢？"

刘东没注意到林海的反应，回答道："当然是有权又有钱的事，要能够施展我的才华。"

林海轻微地哼了一声，撇了下嘴角，继续问道："那你想怎么能得到这样的工作呢？"

刘东仰起头，注视着天花板，说道："世上有伯乐，而后才有千里马，就看这伯乐在哪里了。"

林海默然不语，稍后只对刘东说："来，喝茶，喝茶！"

饭桌上，在夏娴殷勤的招呼下，刘东的神态放松了许多。刘东嘴里虽然还客气几句，但举动上已毫无忌惮。刘东吧唧吧唧吃饭的声音，狼吞虎咽的神态，特别是朝桌上乱吐鱼刺骨头的动作，都被林海和夏娴看在眼里。刘东走后，林海说道："雅芳，我看这个刘东不太适合你。你看他坐没坐相，站没站相，吃没吃相，很没有教养！"

雅芳不服气地反驳着："教养是可以后天培育的，他一个农民子弟，完全靠自己的奋斗苦读，哪里有机会接触到这些礼仪上的事？这些小节都是可以慢慢改正的嘛。"

林海摇了摇头,说道:"这是小节吗?你看他吃菜的样子,专挑好的吃,一盘菜中先把肉挑走,完全不顾及同桌的其他人。由小看大,这就是个很自私的人,你跟他在一起,会吃亏的!"

雅芳的嘴角一撇,显出一副不以为然的样子:"我知道你们看他不顺眼,只是因为他是下江人。你们说的事,都是后天可以调教的。"

这顿饭没有拉近刘东与雅芳父母的距离,反而使得林海夫妇更加忧心忡忡。雅芳没听父母的劝阻,依旧跟刘东交往着。

当刘东读研快毕业时,雅芳觉得他的态度有些变化,问起他来,总是支支吾吾的。这天雅芳挽着刘东走在校园的林荫道边上,刘东没怎么说话,只是沉默地走着。雅芳感到气氛有些怪异,就找些话题议论,刘东也是有一搭没一搭地嗯嗯应着。雅芳想起最近同事们都在传阅的一篇文章,其中提到如果一对恋人,对方只是嗯嗯地回答时,应该是要提出分手时候了。

雅芳莫名焦躁起来,说:"今天你怎么了?别总是嗯嗯啊啊的,你说话呀!"

刘东吞吞吐吐,还是欲言又止。雅芳急了,转过头,对着刘东几乎哀求道:"什么事?你倒是说出来呀,真是急死人了!"

刘东转过身,下定决心似的,但眼睛却没看雅芳:"我要结婚了!"他把"我要"说得很轻,后面的"结婚"略有些清晰。

雅芳没听清楚,以为刘东是在向她求婚。她低下头,看着自己的脚,娇羞地说:"这……我要问过我爸爸妈妈才行。"

刘东的面容转为严肃,声音也变得坚定起来,说道:"我是说我要结婚了!"还特别把"我"字提高声调,强调出来。

雅芳这才听明白,极其震惊地看着刘东,声音也颤抖起来:"你……你……你要结婚了?"

刘东躲开雅芳的目光,清晰回道:"是的,我要结婚了!"

雅芳仍然不敢相信,却又突然明白过来。她想转身离开,冷不防被刘东一把揽住,往怀里一带,继而对雅芳说:"不要这样,我也是情非得已。"

"情非得已?"雅芳的眼泪夺眶而出,用几乎愤怒的声调说道,"那你还来找我干什么!"

"雅芳,你听我说,恋爱和婚姻是两回事。恋爱是纯感性的,而婚姻是带有理性的抉择。我爱的是你,但我不能和你结婚。"

"为什么不能?"

刘东思索一下,回道:"首先是你父母那一关通不过。"

雅芳轻哼一声,驳斥道:"这是我这边的问题,你不能以此作为借口。"

刘东松开雅芳的手,冷静地分析道:"你也知道,我来自苏北农村,一切都靠自己奋斗,读的又是中文系,现在要毕业分配工作了,没有专长,没有后台,我可不想再回到乡下,回到农村!"

听到这里,雅芳冷冷地逼问道:"这跟结婚有关吗?"

刘东苦笑了下,语气稍有些激动:"当然有关系,一个好的婚姻,可以省去我二十年,甚至一辈子的努力。"

"你真是这么认为的吗?"雅芳看着刘东,突然觉得眼前这个人的脸变得好小好小，变得那么陌生，那么不可理喻，"那你的抱负呢？你的理想呢？"

刘东冷笑一声，说："如果我连起点都没有，还谈什么理想，什么抱负！"

雅芳不相信眼前这个人是自己深爱过的，不由自主地往后退几步，好离刘东远点，但她还是不甘心地用质问的口吻说道："那你现在找到起点了吗？"

刘东的脸上浮现出满是无奈的苦笑，像是在对雅芳忏悔，又像是在解释："我们村子里有位王将军，早年从军，现在是军区司令员，过年时他携带全家回乡祭祖，我正巧在家，又是村里唯一的大学生，就叫我负责接待。"说到这里，他迟疑了一下，继续说道，"这样我和他的女儿王梅就熟了。最近王司令员托县长到我家拜访，透露出想让王梅和我进一步交往的意愿。面对县长的请求，我实在没办法拒绝……"

刘东转过脸，避开雅芳投来的鄙视的眼神，像是在诉说别人的故事。"目前王梅已分配到北京工作，她的父母希望我们先定亲，所以结婚的事就这样定下来了。"刘东边说，边伸出双手，紧揉着雅芳的双肩，"可我爱的还是你，那只是我的婚姻罢了！"

雅芳心想，也许人的一生中，会爱上不止一个人，但决不会一边恋爱，一边和别人谈婚嫁。真爱就是为对方着想，为对方的幸福着想，哪怕牺牲自己，也不愿让对方受些许委屈。刘东，你真不配谈爱情！

雅芳推开刘东,平淡地说道:"你走吧,我不想看到你,我这辈子再也不想看到你!"

刘东似乎还想再说些什么,雅芳却已转头,不再理会,也不再看刘东一眼。刘东顿时觉得无趣,低下头,默默地离去。

雅芳注视着刘东远去的身影,眼泪终于奔流下来。

第四章

雁尽书难寄，愁多梦不成

第四章　雁尽书难寄，愁多梦不成

1. 魂销肠断

落花人独立　微雨燕双飞
时间：一九八七年
地点：洛杉矶

住在老人公寓的好处，是此处聚集许多同龄人，他们至少语言、文化相通或相近，没有代沟，遇到气味相投的，更容易结成好友；坏处是生老病死之中，除了生，其他三项发生频率特高，感怀之心更是难免。

湘生虽然早预料到会有这一天，可当这一天真正面临时，还是忍不住悲痛。父亲走了，庆幸的是走得很安详，在睡梦中去世的。父亲去年受洗，成为基督徒，所以葬礼是以基督教的形式举行的。

灵堂上有张父亲的照片，是两个星期前来看望父亲时，因带了相机，随手拍的。当时无心留下的照片，因为没有别的近照，竟成了最后的遗照。湘生好后悔，这几年来全家没有好好地照些照片，留个纪念。

照片中，是父亲因中风已经变形扭曲的颜面，稀疏而杂乱的发型，加上宽松得不合身的衣领，从里面露出些破旧的内衣及皱结的颈项皮肤；父亲大小不一的两只眼睛中，放射出的是无力的眼神，显得那么无奈，甚至透露出对生的厌倦。其实父亲年轻时，是非常讲究穿着的，而且长得非常俊秀挺拔，没想到最后的遗容竟是如此不堪。

湘生看着睡在棺木中的父亲，原本略显肥胖的身材，自从两年前中风，又得了前列腺癌，在此双重打击下，他饱受病魔的折磨，幸亏宽大的老西装遮掩住了早已瘦削得不成人形的躯体，只有露在西服外面的颈项及手掌，才看得出临终时的形象。父亲经过化妆的脸庞，显得苍白而平静。其实近几个星期来，父亲神志已经不太清楚，每次去看他时，一会儿清醒，一会儿又犯糊涂；犯糊涂时，他总是说回到家了，叫着："爸爸，妈妈，我回家了，你们不认得我了吧？我把细伢子也带回家了，来，湘生，叫嗲嗲、娭毑（注：湖南人对爷爷、奶奶的称谓）……"想到这里，湘生的眼泪就泛出来。泪眼中，湘生看牧师的身影变得好小好小，声音也变得若有若无，好遥远，倒像已经到了天国似的。湘生根本没听到牧师的致辞，只是一会儿随着众人起来唱诗，一会儿坐下来听讲道。坐在旁边的母亲已有支撑不住的迹象，湘生赶紧握住她的手，给她些支持的力量。

坐在右边的毓晶，则表现得相对平淡。当然，她来也只是尽儿媳的责任，父母就是因与她关系不是很融洽，才搬去老人公寓的。参加葬礼的人，除了唱诗班，都是教会的教友，老人公寓来的也不多。老人怕伤感，经不起激动，所以湘生并不希望他们来，不过刘伯父、刘伯母、夏伯伯、林伯伯都来了。刘伯伯站起来讲述着父亲生平，结尾他哽咽地说："我们都经历过抗战，然后到台湾，再流落异国他乡，大家本想一起回家的，现在你先走一步，我以后连个说话的人都没有了，还怎么一起回家……"刘伯伯再也讲不下去了，湘生赶紧上去扶他下来。

子如没有来，是因为医院有个紧急手术，湘生告诉他，救人要紧，祖父已经去世，参不参加他的葬礼已不重要，他在天之灵也会谅解的。其实祭而丰，不如养之薄，人走了，一切都无所谓了，等到哪天轮到自己，也不知会不会有儿孙出席；即使出席，每年也不知会不会有儿孙前来扫墓，所以何必强求这样的形式呢？

轮到湘生代表家属致答辞时，湘生只感到脑中一片空白，原来写好的答辞稿，也不知放哪里了，他只是断断续续地说："谢谢各位亲友的来临！爸爸，我一定会带你回家的！"

终于等到牧师也讲完了，又唱了首圣诗，仪式才告一段落。行告别式、瞻仰遗容时，湘生带头将手中的鲜花置放在父亲的遗体旁，仿佛又见到老人家在临终断气前，握住自己的手，以几乎听不到的声音反复地说："湘生……回家……我要回家……"

湘生含着泪，对着遗体默念道："爸爸，你现在可以带着这些花回家了，嗲嗲嬷嬷在天上等你呢。你放心，我会送你回家的。"

如玉凝视着嘉善，流着泪，想着过去四十多年的日子，如今却要阴阳两隔，心下不禁极其悲恸。记得年轻时，曾经算过命，说是夫妻越到老，缘分越重。年轻时，嘉善总是出差在外，彼此聚少离多，到台湾后稍有改善，直至移民美国，才长年在一起，特别是最近三年，两人几乎形影不离，应了算命的话，原来缘分重竟是这样的形式！

　　如今一切都成为过去，如玉有欲哭无泪的感觉，也许在过去的时日里，她早把眼泪都流光了，但真到了盖棺的时刻，如玉还是忍不住地扑向棺木，号啕大哭，喊道："嘉善，你怎么舍得留下我，一个人走啊……"直至晕倒过去。

　　遗体没有土葬，而是火化后存放在骨灰盒中。湘生将父亲的骨灰盒存放在佛寺的灵骨塔中，对着骨灰说："爸爸，别怪我，我把你放在周围都是中国人的地方，将来也容易带你走。"

　　夏人杰看到谭嘉善的棺木被覆盖后，鼻子也有点酸，想起了两年前敏慧的葬礼。敏慧是基督徒，所以仪式与谭老先生的葬礼大同小异，不过那时出席的人数多些，许多教友都来相送，但这又有什么意义呢？来的人，连子黔、子扬、子台及家人在内，有几个是真心来跟敏慧告别的？也不怪他们，久病床前无孝子，连儿子都唯恐避之不及，更何况其他亲友呢？不过老人公寓的这些朋友不错，敏慧没被送到疗养院之前，大家轮流做饭菜送来，帮忙把脏衣服送去洗，还有倒垃圾、清扫房间等，否则自己早就熬不住了。这样又多拖了几个月，才把敏慧送去疗养院。

第四章 雁尽书难寄，愁多梦不成

敏慧送去疗养院的当天，是人杰陪着同去的。敏慧似乎有些明白，泪眼汪汪地看着前来送行的老人公寓的朋友，突然狂叫起来："我不去！我不去！我要嫁给夏人杰！"人杰连忙上去安慰道："我是人杰，我在这里，别怕，别怕！"敏慧看了看夏人杰，显示出非常害怕的样子，继续叫道："你骗人！你骗人！你不是夏人杰，你不是夏人杰，人杰不会送我去的！"

夏人杰再也忍不住了，眼泪不受控制地淌了下来。就在众人面前，他拥着敏慧道："敏慧，别怕，我夏人杰在这儿，不会让你受委屈的。"

想到这里，夏人杰的眼眶又湿润起来。人不能同命争，许多事情唯有尽人事，听天命了。虽然不能与敏慧同住在疗养院里，但他每天都会起早摸黑地赶去疗养院看望，并协助护理人员一起照顾。敏慧显然可以感受到人杰就在身旁，只要人杰在场，她就安详很多。

终于到了油尽灯枯的时刻。有一天傍晚，敏慧突然好像清醒了些，回光返照地拉着人杰的手说："人杰，我下辈子还要嫁你！"然后又糊涂起来，叫道："人杰，人杰，不要走，我来了……人杰，你真好，等着我！"起先敏慧还紧握着人杰的手不放，但慢慢地冷却了，僵硬了，完全没有了生命迹象，可她是含着笑容走的。

敏慧的葬礼过后，人杰没有搬去跟儿子同住，而是换到老人公寓的单人套房，并分别告诉子黔、子扬、子台，说自己已立好遗嘱，在他过世后愿将所有财产都捐给慈善机构。从那以后，儿子们便更少联系他了，好在有老人公寓的朋友们，大家走得热络，倒也不太寂寞。

2. 成家　立业

飘飘何所似　天地一沙鸥
时间：一九八七年
地点：洛杉矶

洛杉矶除了是全世界娱乐工业的中心，在航空、电子、金融方面都居于国际领导（先）地位。不过就像欧美任何一个大都市一样，在市中心的边缘地区，总有个中国城，而且发展成重要的旅游景点。在中国城的周边，有仓储群，都是些亚洲批发商在此租用的。毓晶就在这里租了个仓库，主要做纺织成衣的生意。

湘生开着车沿百老汇大道穿过中国城，当他经过中国城的牌楼时，感觉这牌楼有些土气。西方人将红砖绿瓦，再加上龙柱勾檐，就固定成中国的形象；其实不单是建筑形式，对东方文化乃至东方人，都有他们的刻板印象，譬如将陈查理、傅满洲当成是中国人的代表，中餐馆及洗衣店则是中国人的职业。

记得最初到洛杉矶时，也是想到中餐馆找份工的，走了几家，都是台山人开的餐厅，乡土观念很深，只用会说他们方言的，后来想想也对，厨房许多人除了台山话外，其他都听不懂，演变成只能用本乡本土的人了。当他心灰意懒的时候，看到这牌楼，觉得好遥远，好讽刺，如今又觉得其不合时宜。牌楼还是一样的牌楼，改变的是个人的心境。

近二十年来，一方面是知识分子涌入职场，另一方面也要感谢马丁·路德·金博士的民权运动，替少数民族争取了一些人权，才有点呼吸的空间。湘生刚刚与公司经理会谈，原来上次去上海谈的生意，拖了两年多，终于开花结果，现在要派他去长驻上海，是两三年的期限。他打电话将这一消息告诉毓晶，因毓晶的车子正留在车厂保养，只好先回家接了她，再同去廖太太家参加每周一次的联谊餐会。

湘生一面开车，一面回想这些年在美国的生活。他一九六五年来美，到一九七二年才拿到学位，不巧又碰上越战正酣，美国经济不景气，找事不易，只有国防企业还要人，但没有绿卡，哪里也没办法，好不容易在南加大找了个博士后的研究员工作，勉强糊口。一次在朋友的聚会中，也不知是朋友故意安排还是巧合，他认识了孙毓晶。湘生初高中念的都是男校，大学又几乎全是男生的工学院，从无恋爱经验，然后是出国、打工、进修，现在学业总算告一段落了，于是男未婚，女未嫁，三个月后就和毓晶闪婚了。

初识毓晶时，并没有感觉到两个人性格上的差异有那么大。那次聚会是自助餐式的，毓晶就坐在湘生的旁边，开始一会儿后，毓晶对湘生说："麻烦你替我拿杯果汁来好吗？"

湘生很少同异性打交道，忙应承道："好的，我马上去拿。"

毓晶见湘生返回时，下意识地对他嫣然一笑，这使湘生受宠若惊。湘生递杯子给毓晶时，正巧碰到毓晶起立，湘生的手不小心触摸到了毓晶的胸部，连同杯中的果汁也一起打翻在毓晶的身上。毓晶的脸色顿时变了，但看到湘生吓得手忙脚乱，低头拿张餐巾纸想帮她揩擦时，又立刻强颜欢笑说："没关系，没关系！"

当晚，湘生送毓晶回家时，还一个劲地在道歉，毓晶说："你也不必不停地道歉，请我吃顿饭得了！"就这样一来二往，两人便好了。等到婚后，才发现原先彼此相处时，表现的都不是真实的自我。现在结婚已经十几年，两人性格上的差异却是越来越大。

毓晶的父亲是"立法委员"，平日是要风得风，要雨得雨。毓晶在台湾时，也是被骄纵惯了的千金小姐，说话一向都是命令式的口吻。子如出生后，本以为两人可以好好过日子，没想到儿子才两岁，毓晶便透过她父亲的关系，拿到不少纺织品的配额。那时有配额就等于有现金，所以就做起生意来了。毓晶是个非常精明强干的女人，这几年生意越做越大，但与湘生的隔阂也似乎越来越深。

湘生进到毓晶办公室时，她正坐在办公桌的后面，吩咐小王等货柜抵达时，验货要特别慎重，尤其是做工上不得马虎，因为在数量及材料上，厂家可能不敢糊弄，但有些地方少缝几针，省了些事，却可能是大麻烦。她见湘生进来，挥挥手，示意湘生坐下。

毓晶正说着话，小周进来问道："那个墨西哥的卡罗斯问，如果用现金，可不可以打八五折？"毓晶不耐烦地回道："你又不是第一天来做的，凡一千元以下，现金打九折，一千元以上打八五折。"

小周迟疑地说："他是老客户了，今天只采购了九百二十元。"

毓晶声色俱厉地斥责小周道："你不会跟他说，他只要多出八十元，就多五十元的折扣，这种便宜事还不干！"等小周一转身，毓晶的嘴里就骂了声"笨蛋"，也不知是骂小周，还是骂那老墨。

小周是刚来美国不久的女留学生，原先是申请到加州的首府萨克拉门托读书的，读了一学期，钱用光了，当地又不好找工，于是跑到洛杉矶来；因她是王太太的亲戚，便介绍到毓晶的批发市场里来工作。现在她的学生身份也丢了，正式成为黑户。

小周被毓晶劈头盖脸地一骂，心里挺委屈的，看到湘生进来，不想再申辩什么，只得默默退出。其实是卡罗斯现金不够，想请毓晶商量，现在只好回掉他了。卡罗斯见小周出来，期盼地向前两步。小周苦笑一下，摇摇头，卡罗斯失望地退回原地。小周看到卡罗斯的表情，踌躇一下，说了声："你等一下！"然后回去柜台，拿出自己的皮包，取出一百元现金交给卡罗斯，对他说："你下次记得还给我。"

卡罗斯深深地看了小周一眼，说声谢谢，就接过钱去结账。

湘生目睹小周被骂，记起了自己当年初到美国半工半读的情景。

他曾利用暑假在犹太人开的乡村俱乐部里打工。当时的工作是巴士男孩，即替侍者当个下手，送送茶水、收拾碗碟等。有一天晚餐时，客人叫湘生去拿牛奶。湘生在厨房及冷藏库中遍找不着，后来好不容易在冰箱中看到一小盒，兴冲冲地送到餐桌上，却被经理发现，被一把夺过并臭骂一顿，和小周今天的情形如出一辙，原来是犹太人过午就不能碰乳制品了。湘生本想替小周说说话，但他晓得毓晶的脾气，只怕更会火上加油，弄成不能收拾的局面。

毓晶详细询问了湘生到上海工作的情形，心里是挺高兴的，本想陪同湘生去上海，但实在不愿马上放下生意，只能让湘生一个人去了。她当年与湘生结婚，也是看中他有博士学位，后来才发现学位并不值钱。现在湘生虽然换了公司，但也只是一般的工薪阶级，幸亏自己的纺织批发业务做得不错，才能和很多朋友平起平坐，否则以湘生的薪水，哪能支撑起这样的场面；如今湘生外放上海，除了有海外加级费，他在友人中的地位也得到提升，是非常有助力的事。

毓晶心中得意，忽然对湘生提议道："要不今天就别去廖家吃那自助餐了，我们俩找家馆子，庆祝一下。"原来国人在家请客，尤其是人多时，大多会采用自助餐的形式。

毓晶说："中国城这些餐厅都是广东菜，今晚换换口味，到蒙特利去。那边新开了一家川菜馆，叫渝园，听说不错，可以去试试，而且出来正好到廖家，也方便。"

毓晶的公司开在老中国城附近，现在新移民多了，慢慢形成了新中国城，蒙特利就是新的亚裔移民聚集最多的地区，廖家就位于

第四章 雁尽书难寄，愁多梦不成

后面山顶的豪宅群中。

渝园的装修，比中国城的那些老店典雅很多，侍者也都穿着制服，一式的白衬衫、黑长裤、黑领结和红色小礼服外套，不像以前老的餐馆那样穿着随便。湘生和毓晶坐定后，看一个侍者有些面熟，一问起来，原来是中国城沪申园的小李，他刚跳槽到渝园。小李原来在台湾是中文系毕业的，到美国后转读计算机专业，由于成绩不好，干脆转成职业打工仔了。以前湘生到沪申园用餐时，看到小李总多给些小费，这样一来二往也就熟悉了。在美国当餐馆侍者，其主要收入全靠小费，而曾经在餐馆打过工的，都会体谅到其中的辛苦，小费自然也给得慷慨些。

饭后走进廖家，里面的饭局也差不多了，男人们都围在客厅看洛杉矶湖人队与波士顿凯尔特人队的赛事，也是魔术师约翰森与大鸟伯德的对决。去年凯尔特人拿到总冠军，而今年湖人队气势如虹，很可能一雪前耻，厅里的气氛紧张极了。湘生夫妇的到来，并没引起男人们的注目或分神，湘生也不由自主地加入到观战群中。太太们则不同了，见毓晶走近前来，赶忙喊着说："怎么不早点来，就等你了，三缺一！"大家坐定后，打了两圈牌，毓晶才慢条斯理地告诉大家，湘生要派到上海工作一段时间。大家的反应没毓晶想象中那么热烈，只是连声哦哦，又追问了些细节，就扯到别的事情上面去了。

毓晶只能专心打牌。仔细观察后，毓晶的嘴角浮现出一丝笑容，因为下家刘太太可能在做条子清一色，一张条子都没打过；其他两家在抢万字，眼前一张万字都没出现，她自己是副臭牌，听二条，桌面上有三张么鸡，但大家都在扣牌，只有靠自摸了。正想着，对家王太太不怕死，打出张二条，刘太太高喊："胡了，清一色！"毓晶笑道："不好意思，拦胡，屁胡！"刘太太脸都气白了，说了句："小心赌场得意，情场失意！"王太太连忙对刘太太使眼色，恰好被毓晶看在眼里，她一边洗牌，一边不动声色地说："怎么啦，是不是最近有些事让你们担心了，怕我们老谭晚节不保，说出来，没关系的。"

刘太太忙说："哪有什么事啊！不过最近去大陆的人多了，风言风语的故事也没少听。"

王太太也跟着帮腔道："是啊，老王公司派去的人，全沦陷了，幸亏老王没去。"说到这里，觉得像讲漏嘴似的，又连忙补充道，"不过老谭不像是这种人，不能一杆子打翻一船人。"

一直没开过口的廖太太，生怕被漏掉似的，也加入了讨论："就是，这些大陆女孩可厉害了，年轻漂亮不说，还会用心机，等目的达到，就一脚把你踢开。"

大家你一言我一语的，说得毓晶脸上青一阵白一阵，不自然起来。王太太见此情形，觉得火也煽得差不多了，赶忙说道："不说这个了，打牌，打牌，三万。"

毓晶沉住气，聚精会神地打完这场牌，大输。

第五章

归去来兮

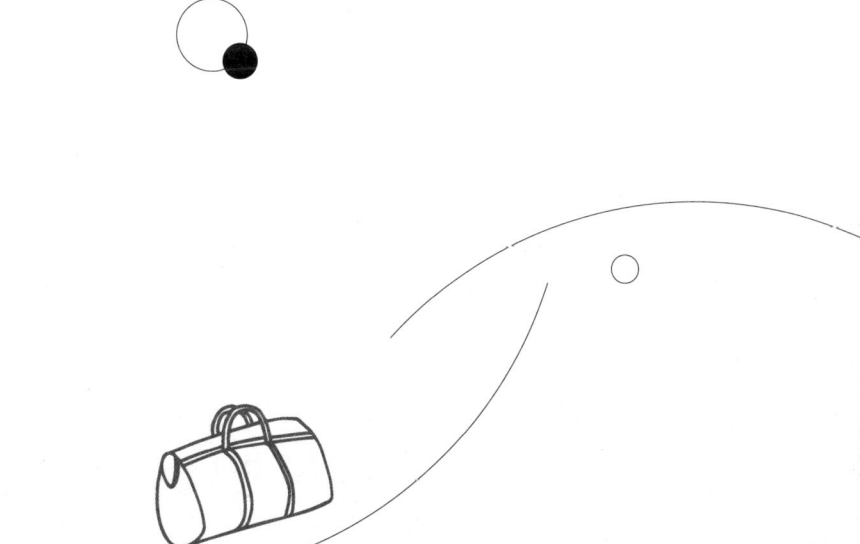

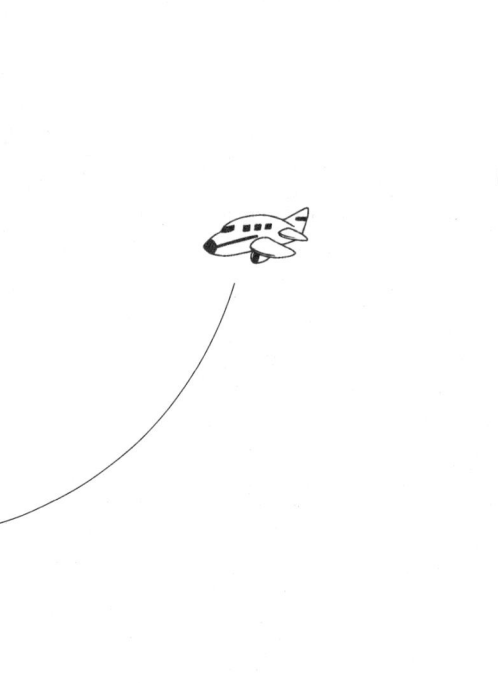

第五章 归去来兮

1. 近乡情更怯

雁归南浦　人倚西楼
时间：一九八七年
地点：香港机场

第二次搭乘到上海的班机，湘生少了第一次的兴奋，却有种逃离束缚的快感，也有些期待，但期待什么，湘生自己也没答案。机舱内几乎满座，而且人种、语言各异，与三年前稀稀疏疏的乘客相比较，真是有天壤之别，也说明中国在百废俱兴以后的快速进步，正吸引着全世界的资本与人才向那里集中。

飞机需要在香港转机，湘生下机后，看了看手表，还有两个多小时的候机时间。坐了十多个小时的飞机，筋骨也累了，正好随处走走。候机的人很多，尤为奇特的是还有大批装扮与一般旅客迥异的客人。这些人都是男性老人，穿着厚重的衣服，说着各种地方口音的普通话，背着、提着、挂着各式各样的背包、箱包和其他行李，好像每人都希望多出一双手，可以多带一点似的。有的人还挂着名牌，上面书写着"某某某 某省 某市"，也成为机场中的特殊风景。

一个操山东口音的老人说道："我那里离济南还有一百八十里路，不晓得有没有汽车可以去，不过大柱子说他会到机场来接我的。"

旁边的老人却是四川口音："格老子，你倒好，还留了个种才出来，可我离开家近四十年，也不知道他们还认不认得我！"说到这里，他迟疑一下，接着道，"当时我只有老娘在，我是出来耍时被抓了壮丁的，连跟家里讲一声的机会都没有。唉，不知道她现在身体怎么样？"说着说着，老人突然呜呜地哭起来，眼泪淌在满是皱纹的老脸上，显得有些滑稽，但在湘生的眼中，却觉得莫名的悲怆与凄凉。

幸亏在身旁老人们七嘴八舌的劝慰下，这位四川老人才止住了哭声。

那个山东口音的老人又说道："我这次回去要带一罐子故乡的泥土到台湾。上次我们有个老乡，从国外绕道回了老家，再回到台湾时，除了送每人一个家乡饼和五颗红枣外，还给每人分了一汤匙故乡的泥土。家乡饼和红枣我都舍不得吃，想家想得厉害时，放一点点到茶里，泡着喝，真香！"一边说，一边眼泪也流了下来。

另一位长者看到这情形，也哭起来。这次没人劝了，像传染了似的，又有两三位老人开始呜咽。此起彼伏的抽泣声打破死寂，引得更多老人的哭泣。

看到这里,湘生了然于胸。这是一九八七年底,台湾开放居民赴大陆探亲所掀起的老兵回乡探亲高潮。少年子弟江湖老,加上四十年的海天相隔、鱼雁不通,真是"家在梦中何日到,春生江上几人还"。想来也是,人生能有几个四十年,难怪这些老兵莫不悲从中来!

湘生也被这悲凄的气氛所感染,他想驱走这种感觉,于是快步离开。哪晓得走了没几步,有人叫住他,问道:"先生,你会说国语吗?"

说话的是位六七十岁的老人,说的是带着湖南腔的普通话,穿件白衬衣,衬衣里面好像有棉毛衫及毛衣,可外面套了两件毛衣,一件夹克,把原本瘦弱的身材膨胀得臃肿不堪,像个橄榄球似的,身上还斜背了一个塑料包,手上拎了两只旅行袋,花白的头发使那饱经风霜的脸面更显苍老,他眼睛盯着湘生,有点畏畏缩缩的模样。

湘生听到这湖南官话,备感亲切,所谓"少小离家老大还,乡音未改鬓毛衰",似乎正是对此时老人的真实写照,于是他也用湖南话回道:"有什么我可以帮忙的吗?"

老人听到乡音,脸上顿时兴奋起来,而且几乎很难用言语来形容类似的兴奋。他扬着头,用提高两个音阶的声调回应道:"原来是老乡啊!你是哪里的啊?"转头又对站在一边的另一位老兵叫道:"他是我们老乡呢!"

交谈了半天,湘生终于搞清楚这两位老人,说话的这位是醴陵的杨广天,旁边的则是岳阳的冯子靖,两人都是头一次搭乘飞机,因为不清楚转机的手续及登机口位置,去柜台询问时,对方说的全是广东话,而且服务态度也不是太好,两人求助无门,正巧见到湘生,可说是碰到了救星。

湘生也不懂粤语,但一用英语询问时,客服小姐马上改变了态度,也帮杨、冯两人解决了问题。两位老人千恩万谢,湘生却体会到,百年来的异族欺凌,外侮不断,造成某些国人崇洋媚外的心理。他想,假以时日,这种现象是会改变的。

时候还早,湘生决定和两位老人多聊聊,打发一下时间。当他询问到老人想回乡看望谁时,杨广天先答道:"我是回去看我爷老子,娘老子,也看我婆娘。我离开时,我婆娘才十八岁,现在不知怎么样了。也许早改嫁别人了,这不怪她,她还年轻嘛。"

湘生又问道:"那你在台湾再结婚了吗?"

杨广天断然答道:"当然没有。她是我表妹,我们从小定的亲!"

湘生再问冯子靖:"那你呢?"

冯子靖道:"我父母因为我的关系,在'文革'时被斗得受不了,双双投河自尽了!"他的脸上同时露出了哀伤的表情,接着又说:"我走的时候,儿子才六岁,我婆娘正怀着第二胎,现在不知道怎样了。写信问,也讲不明白……"

看来每个老兵后面都有个故事,多数是悲剧,但这是时代造成的,谁也躲不了。

2. 情与旅

当时只道是寻常

时间：一九八七年

地点：湖南

拿了行李，走到机场大厅，湘生看见周处长、雅芳及司机已等在那里。湘生因为已经习惯，所以还是决定选择住在国际饭店。车行中，湘生向周处长提到想先回湖南扫墓祭祖一事，周处长答应会尽快协助，让湘生静候消息。

在国际饭店办好入住手续，三人在大厅坐下不久，周处长起身去柜台借打电话，湘生趁机对雅芳淡淡地说："真高兴再见到你！"没等雅芳回话，他已掏出一个小盒子，交给雅芳，然后补充道："这是迪芬尼胸针，送给你留作纪念。"雅芳正想推辞，湘生连忙说道：

"快收起,周处长回来了,我没给他准备礼物。"就匆匆放到雅芳的手中。

雅芳仍欲推辞,周处长已走过来。湘生握住雅芳的手,紧了一下,然后迎向周处长,雅芳只得收下。

等候近一个星期,周处长通知湘生:"已经联络好湖南当地,可以返乡扫墓了,我让林雅芳陪你去。"雅芳露出些许惊诧的表情,周处长接着说:"本来想让小李陪谭博士的,但他家里有急事,只有麻烦雅芳了。"

雅芳连忙说:"没关系,没关系。"脸上泛起一阵淡淡的红云,心也微跳起来,赶快瞟了湘生一眼,却没见湘生的脸上有任何异常的表情,心才平静下来。

周处长有点不好意思地对湘生说:"不过这两天飞机票紧张,谭博士可能只有坐火车去了,但我会让雅芳去找王站长,托他帮你们弄两张软席票。"湘生耸耸肩,表示不在意。

两人整装待发,赶到王站长办公室时,被告知到长沙的软席票只剩一张,另一位只好委屈坐硬座了。

雅芳忙接道:"就让谭博士坐软席,我坐硬座没关系。"

湘生皱了皱眉头说道:"那怎么可以,应该是女士优先,要不然就买两张硬座好了!"

王站长惊讶地望着湘生说道:"谭博士,你要不要再考虑一下,这可是三十六小时的旅程呢。"

雅芳也诚恳地劝说道:"谭博士,何必呢?一路上很辛苦的,你还是坐软席,我们国内的人习惯坐硬座的。"

湘生毫不犹豫地接腔道:"不必,就这么定了,我正好可以体验一下真正中国式的生活。"

因为是硬座,只能进入普通候车室,湘生方才发现此时中国式的生活与他过去的经验是如此不同,形形色色的人物,大大小小的箱包,有的还挑着扁担,说挤满还不能形容满的程度,近乎于人山人海。人味、物味、香烟味,加上不知道什么地方飘来的厕所味,合成一股刺鼻的味道。刚进候车室,湘生有些不习惯这环境,禁不住皱了下眉头,雅芳看在眼里,还没开口解释,湘生已对她笑笑道:"没关系,我马上就会适应的。"

两人站在候车室的一角,湘生饶有兴趣地注视周围的一切,对雅芳说:"你看看这些人,我们来试着分析一下他们的职业和同伴的关系、心情……这两个是农民,是父子;那两个是公务员,上级带着下级出差;这一对是刚结婚的夫妻,那一对是恋人……"

雅芳好奇地问:"你怎么就能分辨出他们是恋人还是夫妻呢?"

湘生笑笑,答道:"你细看男女双方的互动,在一些细节上还是有区别的。"

雅芳仔细观察前面两对青年男女,过了会儿,她笑着说:"你讲的还真有点道理。"

湘生笑眯眯地询问道:"你看出什么门道来了?"

雅芳得意地指着那两对男女,解释道:"你看恋人的那一对,女的拿东西给男的吃时,那男的一副受宠若惊、诚惶诚恐的样子;

而结了婚的那一对，虽然也是甜蜜地接受，但有些理所当然的表情，你说对不对？"

湘生称赞道："恭喜你毕业了！"

雅芳笑笑，忽然觉得湘生眼中有些许不可言喻的情愫，不觉心中怦然一震，连忙转过脸，不敢再看湘生。

候车的时间很快打发过去，待两人挤上列车，才知道刚才的挤，只是开端，有点小巫见大巫的感觉，现在才真是人挤人了。列车的走道上挤满了人，好不容易挣扎到座位时，发现已被别人占据了。几经波折，并引来了乘务员的干涉，两人才总算落座，却听得一旁乘客冷言冷语道："有钱不会去坐软席，和我们老百姓抢什么位子！"

这显然是针对湘生的穿着和言语的，让人看出来他是境外人士。湘生有些气不过，想站起来和那人理论，被雅芳扯了扯衣服并劝说道："算了，别理他。"

湘生让雅芳坐在靠窗的座位，自己坐在走道这边，但站在走道上的乘客斜着身子，几乎要倚靠到湘生的肩上及后面的椅背，逼迫着湘生往雅芳的身边靠拢。两人相距得从没这么接近，雅芳只要转过头来讲话，就可以感觉到湘生的鼻息。雅芳的心跳随火车的加速而加快，只得闭上眼睛假寐，但摇摇晃晃之中真的就睡着了。

待雅芳醒来，睁眼一看，旁边的湘生已不知去哪里了，换成一个驼背身残的老妪，再抬头巡视，只见湘生正站在走道上。湘生对她眨了眨眼，说："我坐累了，站起来活动活动，让这位老大娘坐坐吧。"

雅芳想把自己的座位让给湘生，湘生连忙补充道："你别起来，否则别人又要来坐你的座位了。"

又过了一阵，雅芳对湘生说："你来坐吧，我去一下卫生间。"就这样，两人交换着站站坐坐，也不知过了多久，老人下车，两人总算又坐到一起。

火车停停走走，不紧不慢地行驶着，雅芳想起半年前与约翰的一次坐车经历。约翰自从到过上海，结识了雅芳后，每年都会来中国两三次，每次都找雅芳接待，那次是陪同约翰去常熟的一家纺织厂洽谈订单的事，事先包了辆小车前往，但半途中发现车况有问题，勉强到达后，就将小车留在当地维修，两人只好乘坐客运大巴回上海。

结果客运大巴也是客满，但大巴公司答应在中间的走道上增设加座。约翰试了加座，觉得非常不舒服，于是皱着眉头拿出一叠十元纸币，挥舞着，然后让雅芳翻译道："愿付一百元交换两个正式座位。"

此话一出，马上有许多乘客响应，约翰挑了最前面的两个座位。也许这就是中国人与外国人在处理类似问题上的不同：西洋人热衷慈善，乐于助人，但在商业事务上，又是一切以自我利益为中心的。

为防范行李被偷，湘生与雅芳在火车上轮流入睡。每当雅芳睡着时，头会不自觉地靠在湘生肩上。听着雅芳轻盈的鼻息，看着雅芳随呼吸而微微起伏的身体，湘生有种莫名的幸福感。有时雅芳的头发会刺到湘生的脸庞，湘生也不忍心拨动，就怕稍一动弹会惊醒雅芳。只有等雅芳醒来，才会装着不经意地转动一下已经半边麻木的躯体。

雅芳在半睡半醒之中，感觉到湘生细微的动作。她半开半合地睁开眼睛，然后又闭上。雅芳其实对湘生的反应是心知肚明的，但依偎在湘生的肩膀上，有一种安全感，雅芳不想破坏这份感觉。

湘生睡时，他尽量不向雅芳那边倚靠，或者干脆趴在前面的椅背上瞌睡。雅芳看看旁边这男人，觉得实在是个好男人，幽默，宽容，有责任感，最重要的是能和自己交流，是个可以信托的男人。想到这里，雅芳不自觉地抖动了一下身体，似乎有种犯罪感，随后又自责地想到湘生是已婚男人，不应当想入非非。

漫长的旅途中，两人终于头靠着头地都睡着了。突然，湘生被一串骚动的声响惊醒，睁开眼，发现正有个长头发、穿着流气、獐头鼠目的年轻人，要拿他们放在头顶行李架上的箱子。

看到湘生和雅芳都已醒过来，那人还贼喊捉贼质问道："你箱子是怎么搁的，还让不让别人放行李了？"

湘生站起来，礼貌而又严肃地反诘道："那你的行李在哪里？我替你放！"

年轻人见湘生反应强烈，露出心慌的样子，不过嘴里还是嘀咕道："我的行李还在那边，我现在就去拿。"他一边说着，一边转身就走。

湘生本不想放过对方的，却被雅芳阻止了。原来，雅芳注意到那人的身后还有几个同党，现在眼看事情败露，就都围上来，以便掩护那人溜脱。

同车厢的旅客似乎都明了类似的障眼戏法，却没有一个人敢出声阻挡。

雅芳诧异地问湘生："你怎么那么警醒，会发现别人在偷我们的箱子？"

湘生看着雅芳百思不得其解的表情，得意地笑了，然后凑到雅芳的耳旁，悄声地说道："我把我们两人箱子的把手用绳索绑在一起了，窃贼牵一发则动全身，就会吵醒我们。"

湘生笑着解释说："这是同心结，两个人命运扎在一起，不是被发现，就是一起被偷！"

雅芳听着这番解释，又见湘生的脸靠得好近，不禁身体往后缩了一下，脸都红了。湘生目睹雅芳的退缩，意识到自己可能有些失态，便尴尬地将身子也同时往后退，想掩饰什么。

经此一闹，两人睡意全无，只有以聊天来打发时间。湘生看着窗外说："你看路两旁，只要有一点点空地，农民都会用来种菜。中国农民是世界上最勤劳的农民，也是最辛苦的农民！"雅芳不知该怎么接话，只能嗯嗯地不断颔首同意。

3. 祭祖　扫墓

行人断魂　酒家何处
时间：一九八七年
地点：湖南

湘生一到长沙车站，就被这阵仗吓住了。二三十个人举着一条红色横幅，上面写着"热烈欢迎谭湘生博士回乡探亲"十几个大字。大概因为湘生的穿着异于本地人，容易被人认出，一个穿着解放装，四十几岁的男子，领头向湘生走过来，到面前时，他问道："你是谭博士吗？"没等回答，就自我介绍道，"我叫尤向东，是县里的统战部长，那一位是谭重远，是谭家村的书记，其他这些人都是村里的干部及你的亲戚。"

"亲戚？"湘生没听父亲提起过在家乡还有什么亲戚，不过既

第五章 归去来兮

然是谭家村,村民总是沾亲带故的。这时大伙儿围上来,七嘴八舌地争着介绍自己,无非是三姑、六婆、堂兄、表弟妹、侄儿、侄孙子等,湘生是一个都没记住,幸好有谭重远上来解围,叫大家坐车回村再说。

村子里借县里一辆客运巴士,一行人全都上车,但尤向东、谭重远与湘生、雅芳则坐着辆小车,尤向东坐前排,其他三人则挤在后座。车内的空间狭小,湘生只得半侧着身子,半靠着雅芳。谭家村虽离长沙不过百来里路,但路况较差,人坐在车内,不时被弹跳又落下,逼迫湘生非得紧拥着雅芳不可。雅芳有时挣脱几下,湘生虽觉失礼,但刚一松手,又是一个跳跃。如此反复地进行着,经历了近四个小时的颠簸,总算到达目的地。

一下车,就是一长串鞭炮声,除了长条的横幅,还有几十人面对面地列队站好,形成欢迎的通道。在爆竹的烟雾弥漫中,尤向东陪着湘生走过,引来大家热烈鼓掌,口中还喊着"欢迎!欢迎!"湘生手足无措地笑着,拱着手,表示谢意。

谭重远趋向前来,问道:"谭博士,你看我们要不先到宗祠祭祖如何?"湘生被吵得晕头转向,只想赶快完成这次祭祖扫墓的使命,可以早一点返回上海,听到谭重远说先去祭祖的提议,忙不迭地点点头,应承下来。

到了宗祠,可以看出都是最近油漆粉刷的墙面,显得焕然一新。但仔细看,门面之外的地方仍是破旧不堪。进大门后,在供桌上的三排全新的神主牌中,湘生发现祖父谭大中的牌位被放在正中间。在又一串的鞭炮声中,由谭重远任司仪,请湘生上香,行礼如仪,还有一些谭氏宗亲陪祭,也就十几分钟的光景,总算完成了祭祖大典。

湘生走出宗祠大门,仰望天空,感慨万端。实现这一步,是两代人的心愿,几十年的努力,如果父亲在世,他可能又是另一种感受,但假设是子如到此,他肯不肯祭祖都成问题;传统,不论是好是坏,在一个瞬息万变的社会环境中,也许就是这样慢慢改变到消失的。

当晚,湘生和雅芳就住在谭重远家。这是一处老宅,有厅堂,有院子,可能因为是村书记,又在乡下,住房没那么紧张,就他们一家独居。

谭重远整理出两间房,全都油漆新刷过的,被褥床单也是新的,还体贴地在房间里配备了马桶,免得他们夜间外出上厕所不方便。晚餐安排在祠堂里,席开六桌,有四十多种菜,吃到后来,实在招架不了,只有动动筷子意思一下,酒也消耗不少,然后湘生拿出带来的红包,反正是见者有份,皆大欢喜。

湘生头重脚轻地回到房内,反而没有了睡意,于是信步走到庭院中赏月,见雅芳也在,两人并肩坐在石阶上,没有言语,陪伴的只有清风和明月。

湘生转过头,看看雅芳,想说些什么,一张口又不知说什么。就在那一刻,雅芳也侧过头,看看湘生,双方都没有说话,却有着"心有灵犀一点通"的感觉。两人就这样静静地坐着,守护着院中大树上一片片飘落的叶子,直到好久之后,雅芳说:"夜凉了,我们回去吧！"

湘生看了雅芳一眼，想说些什么，最后只道了声"晚安"。

第二天，同样的四个人连同司机，又在那小车中颠簸着行驶了半小时，下车后，再经过一片杂草丛生的野地，在丈许人高的荆棘中，有条新辟的小路，终于到达一片小小的墓地，仅十来个坟头，中间有座坟茔，墓碑上刻着谭大中的名字。

湘生走上前抚摸一下刻字，都是新刻的，谭重远忙解释道："'文革'时，墓碑全都被砸，这些都是今年新刻的。"

湘生笑笑，没说话，接过谭重远带来的香，磕头烧香，口里念念有词地说道："谭家子孙谭湘生，回来向祖父谭大中及诸位乡亲祖先祭拜，希望你们能保佑谭氏家族兴兴旺旺，人畜平安。"

因为不准焚烧纸钱，所以湘生祭拜完后，谭重远也恭恭敬敬地完成了扫墓仪式。

后来在回上海的路上，雅芳忍不住问道："那墓有没有可能不是你祖父的？"

湘生回道："我也明白那可能不是我祖父的，就算我是替墓里埋葬人的子孙祭拜吧。扫墓祭祖是表示我们并未忘本，所谓祭神如神在，表达的只是我们的诚心而已。"

湘生说完这话，望着天空，缓缓地说道："你想想，我的儿子、孙子会来这里上坟吗？我自己都不知将来归葬何处，这次祭祖扫墓可能就是我们这支谭家后人最后一次了！"

接着湘生叹口气，念了两句诗："回首向来萧瑟处，归去，也无风雨也无晴。"然后他转头对雅芳说道:"这是苏轼的两句诗,此时此刻,真是再恰当不过了。其实人生本如是,又何必太认真呢?"

雅芳体会到湘生的感怀情绪,不再说话。

第六章

天不老，情难绝

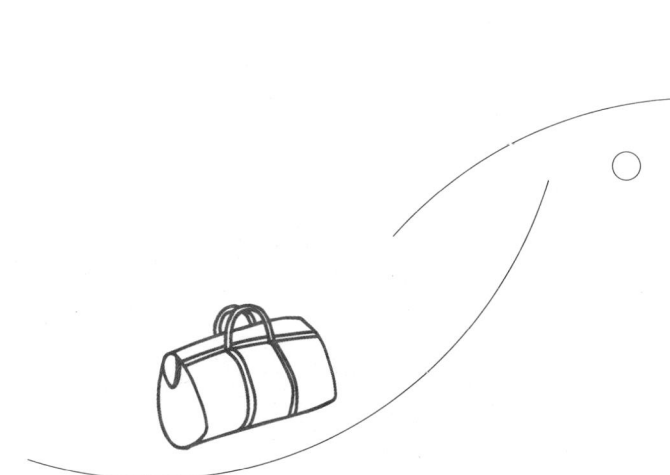

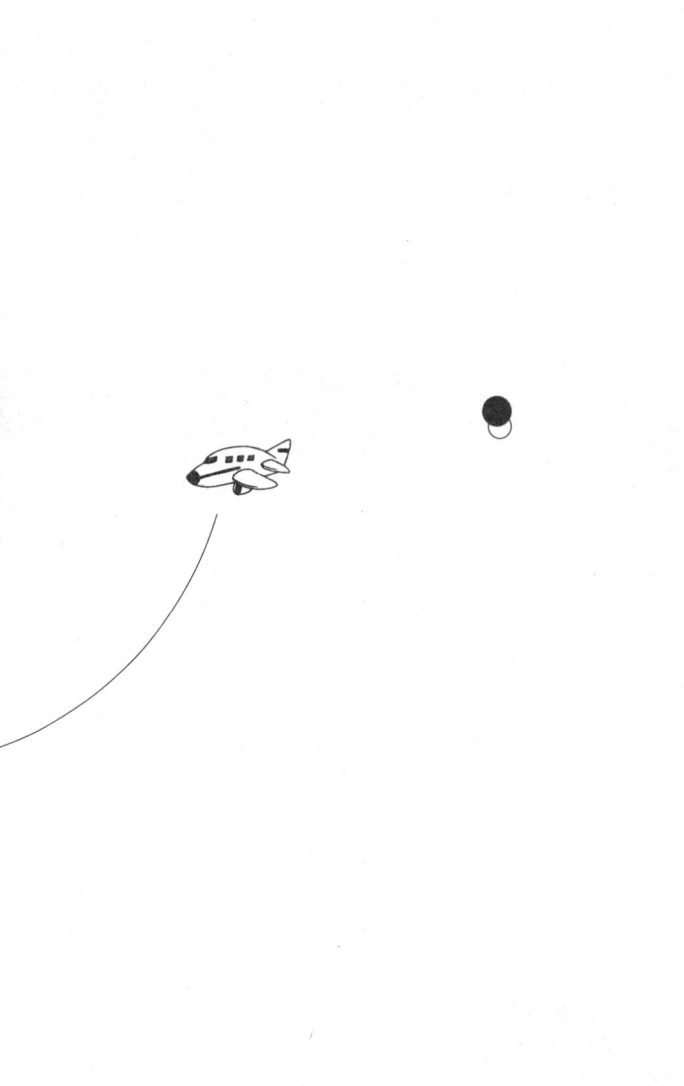

1. 触景生情

一壶浊酒喜相逢

时间：一九八七年

地点：上海

自从湘生与雅芳从湖南回来后，两人愈加熟稔起来，除了公事，私下里也多交往。有一天，两人在外滩办完公事后，湘生扶着栏杆，望着江水，颇有感慨地朗诵了明朝杨慎的《临江仙·滚滚长江东逝水》：

滚滚长江东逝水，浪花淘尽英雄。

是非成败转头空。

青山依旧在，几度夕阳红。

白发渔樵江渚上,惯看秋月春风。

一壶浊酒喜相逢。

古今多少事,都付笑谈中。

雅芳见湘生摇头晃脑地念完,不禁扑哧一声笑了出来。湘生有点不好意思,问道:"你笑什么?"

雅芳笑答:"你一个国外学工程的,怎么喜欢中国诗词,而且常常舞文弄墨,又多愁善感,倒像个诗人骚客,为赋新词强说愁似的。"

湘生也笑了:"我中学时代的国文老师,每天要求我们背诵这些诗词,被他熏陶的。中学学的功课,别的都忘了,只有这些还记得,真要感谢那位国文老师。"

湘生看着远处,面容转为严肃地继续道:"你可能不明白,我们在国外,或明或暗总是被歧视,所以国家和民族的观念特别强,对古人的诗词也有深一层的领悟。"这时候湘生收回眼光,直视着雅芳道,"虽然我们从小被教导反共抗俄——"

刚说到这里,雅芳赶忙扯下湘生的衣袖,往四周环顾,小声说道:"幸亏没人听见。早些年你讲这种话,是要惹大麻烦的。"

湘生笑着轻松地说道:"不是都过去了吗?我要说的是不管我们以前受什么教育,中国人造卫星上天时播放的《东方红》乐曲,还是让公司里华人同事喜极而泣,无论他们来自何方,都聚集在一起收看电视,好多人哪!"湘生好像又回到了当时的场景,不觉眼眶都红了。

雅芳惊异地发现湘生是这么感性的人,不想再刺激他,于是随口说道:"所以你回来了呀。"

这番对话似乎引发了湘生更深的感触,他说:"在这里,你们当我是美国人;在美国,他们当我是中国人;在台湾,大家又认为我是外省人,所以到哪里我都不是人,我指的是都缺乏归属感。"

雅芳听湘生说得伤感,赶紧说道:"我可是把你当自己人的。"

湘生俏皮地笑道:"自己人!"

雅芳这才意识到这话可能存在语病,连忙解释道:"我是说像自己家里人一样!"此话一出口,发现语病更大,顿时脸涨得通红,低下头,害羞地呢喃道:"不跟你说了。"

湘生也感觉自己的玩笑开过了火,忙说道:"对不起,我开玩笑的。"为了转话题,又说,"你看这黄浦江,真是'逝者如斯夫,不舍昼夜',或者应该说'岁月如斯夫,不舍昼夜'!"

雅芳回过神来,说道:"应该说岁月如诗,诗歌的诗。"

湘生颔首道:"岁月如诗得好,尤其是你们年轻女孩,少女情怀总是诗,是应该享受诗一样的年华!"

雅芳回应道:"诗情画意固然好,就怕来个离情别绪就伤感了。"她没想到这会儿一语成谶,后来还真应了这句话。

天色突然阴暗起来,湘生说:"恐怕要下雨了,快走!"

话音刚落,雨点开始滴落下来,湘生将身上的西装脱下,想罩在雅芳的头上。雅芳愕然，正想婉拒时，湘生已拉起她的手小跑起来。雅芳来不及反应，只有用另一手撑住湘生的西装，跟着湘生向前奔跑。

两人跑到一幢大楼的门檐下，湘生还没松手，雅芳下意识抽动一下自己的手，湘生这才惊觉，忙不迭地松手。雅芳顺手把罩在头上的西服还给湘生。两人都觉得挺不好意思的，好一阵没说话。

过了会儿，还是湘生先开口道："这雨一时恐怕不会停的，不如我们找家餐馆去吃饭吧，也好让淋湿的衣服收干一点。"

雅芳低着头，没有说话。湘生推开大门进去，询问门童，门童说二楼倒是有一家沪菜馆，于是上楼找了个座位安顿下来。

服务员送上菜单，湘生递给雅芳说："你是本地人，你点吧。"

雅芳一看价码，吓了一跳，说道："这么贵，我们不要在这里吃了！"湘生微笑地说道："这是在外滩，房租这么贵，当然价钱要高点。"

雅芳嘟了嘟嘴，说："那我们就点炒饭或者汤面吧。"

湘生说："我难得请客，何况是第一次请你吃饭，怎么可以这样寒酸？否则你会记得一辈子,说有个男人第一次请客,是吃炒饭。"

雅芳笑了，说："记得一辈子还不好吗？"一想，这话又有语病，脸上飞起一片红，自己掐了手臂一下。

湘生装着没听见，拿过菜单，点了油闷笋尖、烤麸、熏鱼、炝蟹四个凉菜，又点了红烧肉、清蒸桂鱼、炒时蔬三个热菜。湘生还要继续点菜，被雅芳阻止了，就加个黄鱼汤，湘生又点了一瓶黄酒，

第六章 天不老，情难绝

请服务员热一下。

这顿饭吃了三四个小时，雅芳不会喝酒，勉强陪着喝了点。其实湘生的酒量也差，三杯黄汤下肚，便不胜酒力，话也多了起来。

湘生对雅芳说："我在南京读小学三年级，那时上海是个我好羡慕、好想来、又从未来过的大城市，没想到今天会坐在这儿喝酒。"

雅芳不知如何搭腔，只是问道："你还记得南京吗？"

湘生道："记得，最记得的就是爸妈早上拿来一麻袋钞票，然后赶快拿出去换食物，否则到第二天，就不晓得值多少了。"

湘生似乎游离于回忆中，没再说话。

雅芳为打破沉寂，追问道："后来呢？"

"后来我们就搬到外公家，过了段快乐的日子……"湘生像完全沉湎在回忆中，说着说着，突然面露哀伤，"可后来因为有海外关系，外公被批斗得死去活来。他是'文革'时期过世的，我们也是这两年才辗转得知。"

雅芳见湘生难过的样子，不由得伸手握住湘生的手，轻拍了两下，想岔开话题，问道："你又是怎么到台湾去的呢？"

湘生接着叙述道："那时时局紧张，我父亲已先到台湾，我们也和母亲从长沙坐火车到广州。记忆中真是人山人海，连车顶、车门外面都挂满了人。火车走走停停，停停走走，说是因为一路上闹土匪，也不知走了多少辰光，才到的广州……"

雅芳听到湘生用了"辰光"两字，不禁笑起来，看样子，湘生也慢慢地被上海同化了。

湘生见雅芳笑了，暂时从伤感中走出来，继续说道："后来我们在广州等了两个月，拿到了进入台湾的证件。我们是坐船去的，一路上呕得一塌糊涂，最后吐的都是绿色胆汁，但一到基隆，又风平浪静了，乘着小船的小贩高声叫卖香蕉等水果。这以后我在台湾过了十多年……看我唠唠叨叨地说一大堆的废话，把你烦死了吧？"

雅芳赶紧说："没有啊，不过你今天酒喝多了，我送你回去吧。"

湘生一边说没事，一边叫人结账，同时掏出纸和笔，在纸上写了些字，揣入怀里。雅芳不知他在写什么，也不好意思问。

两人下了楼，到了街上，冷风一吹，湘生的步子有些摇摇晃晃。雅芳连忙上去扶了一把，还好湘生只是滑了一下。怕湘生跌倒，雅芳只得搀扶着他走。

湘生下榻的国际饭店离外滩并不远，雅芳的自行车也停在那里，两人便安步当车地走回去。这时路上已没有多少行人，两人静静地踱着步子。突然，借着酒劲，湘生握住了雅芳挽他胳膊的手，雅芳一惊，稍收缩一下，湘生的手紧了一紧，雅芳也就没再挣脱。雅芳觉得湘生的手上有股热流，便不自觉地往湘生的身上靠了靠，就这样依偎着，好像没走几步，便看到国际饭店了。

这时，湘生站住了，侧过身子，露出想亲吻雅芳的神态。雅芳转过脸，避开了，但还是被触碰到了唇角。雅芳奋力推开对方，朝着停车的地方疾奔而去。湘生在后追赶了两步，压低声音喊了两声雅芳，见没有回应，只好呆呆地站立下来，不晓得如何才好。

雅芳用力踩着自行车，想尽快逃离现场，但过了两条马路后，速度又慢下来，最后干脆停下车站在路旁。她回想着方才的那一幕，心里滋生出非常复杂的情感，有羞涩，有些许怒气，但似乎也有甜蜜与喜悦。

对于湘生，她的印象其实并不坏，甚至还掺和着许多好感，尤其是从湖南一路行来，自己对湘生的为人有了进一步的了解。湘生有才气、大度，最重要的是正直、不自私，凡事肯替别人着想，这在现代社会里是比较少见的品行，可他是已婚的呀，这几乎成了跨不过的鸿沟！

湘生回到饭店，也一夜没睡好，头痛得厉害。第二天起床，他仍觉得头重脚轻，不太舒服，没吃早餐就直接到了楼下的大堂，见雅芳已如常地坐在沙发上等候了。

"昨晚我失态了，对不起。我也没想到自己会做这样出格的事，恨不得抽自己两个耳光，真的很抱歉！"湘生不安地走近雅芳，低声说。

雅芳低着头，不知如何回应。等她一抬头，大吃一惊，问道："你脸色怎么这样难看，是不是生病了？"说着伸出手去，摸了摸湘生的额头，啊了一声："你烧得不轻，我陪你去看医生。"

湘生连忙说："不用不用，我睡一觉，吃点成药，就会好的。就是需要麻烦你帮我买些感冒药回来，另外替我请个假。"

拗不过湘生的坚持，雅芳买了些成药，送到湘生的房间。敲开门后，只见湘生已换了身睡衣，正坐在床头上写字。

"你现在需要休息，别再费神写东西了！"雅芳一边劝着，一边替湘生倒水递药。

湘生服过药后，说道："我在写诗呢。"

"写诗，我可以看吗？"雅芳好奇地问。

湘生递给雅芳一张纸，上面有一首五言绝句，就是他在餐馆时写的：

解语花

解语花前醉，
凌空踱步虚，
乘风归何处，
冷月照沟渠。

雅芳看过，虽然明白这是在说她自己，可还是假装不懂的样子说："什么冷月照沟渠，明明是犹抱琵琶半遮面，千呼万唤始出来。"

湘生笑笑，心想你要是把我唤出来，只怕难以收场。

隔了两天，湘生的病好得差不多了，两人才再度进入工作。不过雅芳有意无意总避免与湘生有近距离的接触，湘生也真正发现自己早已深陷在雅芳的情网里，其喜怒哀乐均随雅芳态度的变化而变化。

湘生一直想找雅芳深入地谈谈，不过在雅芳的刻意回避下，总是找不到类似的机会。

2. 贵州行

我见青山多妩媚

时间：一九八七年

地点：贵州毕节

湘生打开房门的时候，见门外是一陌生的老汉，不知对方是否敲错门。老汉身着一件灰不溜秋的解放装，被日照晒得干枯黑黝的面容，让人看不出他的真实年龄。看到湘生疑惑的表情，老汉赶紧表明身份，说道："我叫陈重，是王倩的爱人。"

这之前，周处长就通知湘生，说找到王倩了，她已迁居到贵州毕节；周处长也通知王倩，告诉她美国有人在找她。

湘生正准备与王倩联络，没想到她的爱人倒先寻上门来。湘生对陈重说道："王倩的父母亲已先后过世，留了些东西给王倩，但我是受王伯母所托，一定要亲手交给她。"

陈重很拘谨地坐着，回应道："这我能理解。王倩本来想自己来的，一时走不开，而且也很想请你到我们那里看看。"

湘生查过毕节的地理位置，是在贵州北部，交通不便，非常偏远。他想起上次去湖南的坐车状况，说："云贵的山水，我是想去看看的，不过最近很忙，恐怕没时间前往。"

陈重急了，赶快说道："谭博士，你会错意了，我们是想请你去看看我们的工作环境。"

这倒引起了湘生的好奇心："不好意思，都忘记问你和你爱人是从事什么工作的。"

"我们是支教老师，学校里有三十几个学生，都是附近少数民族的儿童，老师就我和王倩两个，我们很需要外界的支持。"

听到这里，湘生有点惭愧，决定去一趟毕节，并把王伯母的遗物亲手交给王倩。想到陈重可能还没安排好住宿，湘生就坚持邀请陈重暂住在自己的房间里。陈重一辈子没享受过这样豪华的待遇，湘生又将卫生设备的使用及操作方法，不厌其烦地告诉陈重。在陈重享受从没有过经验的热水沐浴时，湘生心想这里一天的房租，不知可供多少儿童无忧地学习，于是湘生决定为那些孩子尽一分心力。

湘生请了假，安排好一切后，没想到雅芳会愿意陪同他一起去毕节。计划是飞到贵阳后，转乘火车到毕节，再由毕节换汽车到红旗镇，到了镇上还要步行约两小时，才能到达目的地。

在火车上，湘生与雅芳并排坐在卡座上，似乎又重温着上次去湖南的经验，不同的是乘客携带的物品更多样化，鸡、鸭等活禽都成为旅伴，使得车厢内的气味更加难闻。可因为有雅芳在，湘生非但不觉得辛苦，还盼着旅程能无限地延展下去。

火车依然摇摇晃晃、走走停停，湘生与雅芳说说笑笑、睡睡醒醒地打发着时间。当清晨的曙光开始射入车厢时，靠在湘生肩上恬然安睡的雅芳，不自觉地摆头，随风吹动的秀发拂过湘生的面庞与鼻尖。湘生看到迎着阳光，雅芳那祥和甜美的睡姿，感觉到她均匀的气息。他忍受着颜面的瘙痒，不忍移动身体。终于，雅芳被刺眼的阳光弄醒，发现正依靠着湘生，忙不好意思地说："对不起，不知不觉就睡着了。"

湘生站起来，伸了伸已被压得麻木的臂膀，然后再坐下说："没事，你让我享受了一个永远无法取代的早晨！"

雅芳笑道："那我再睡睡，让你再享受一下，等到了毕节，你的胳膊恐怕就报废了。"

"你就那么忍心？"湘生也笑了。

两人正谈笑间，发现陈重以有趣的眼光打量着他们，雅芳脸一红，低下头，不敢再说话。

到毕节后，为节省时间，湘生请陈重包辆小车，赶去红旗镇。陈重于是打电话通知镇政府，并转告学校。

路况的险峻，出乎湘生的意料。大部分的路程只允许一车独行，故车辆在行驶中，须不断鸣按喇叭，以提醒对方来车在较宽阔处等候过车，确保安全。而车道皆是沿山凿壁而成，故一边必是悬崖，如出车祸定然粉身碎骨。即使在平坦的路面上,惊心动魄也不遑多让,真是地无三尺平呀!

在一路弹跳的行驶中,湘生不时用手臂护住雅芳,生怕她的头部撞击车顶。当颠簸过分激烈时,湘生只有紧拥着雅芳,随着车行而舞动。

车子抵达红旗镇后,已有五六个乡民等候在那里,原来是学生家长。他们拎上湘生等人的行李,一人一件,簇拥着陈校长健步往前。

刚开始,湘生还勉强跟得上。可十几分钟后,雅芳已力不从心地放慢脚步,湘生本想上前搀扶雅芳同行,但走不多远,自己也被落下很远。

陈重见状,吩咐拿行李的家长先走,自己则陪湘生和雅芳随后跟上。他解释道:"我们这里的人走惯了山路,有的学生每天要走两个半小时才能到达学校,回去又是两个半小时,而且有的需要翻山涉水,天气不好时,一路上格外危险。"

湘生想到学生们求学的辛苦,自己这点累算不了什么。于是他立刻振作起来,快步前进。当他到学校时,王倩及学生们都已聚集在校门口。

王倩应该才四十多岁,但其外表比实际年龄似乎要苍老许多。这时在她的脸上,洋溢着满足而愉快的笑容;而当她握着湘生的手时,传达的是有力和自信。

午餐是王倩做的杂粮饭,实际就是糙米混合了番薯、玉米等,菜是水煮番薯叶,另外添加了一个空心菜炒鸡蛋。王倩向大家解释道，这里的米和杂粮都是学生家长送来的，学校养了十几只鸡，补充营养就靠这些鸡蛋了；学校另有个菜园子，种些蔬菜自用，学生每天有一个小时要协助农活。无法自给自足部分，一是靠县政府给些补助维持，二是靠陈重夫妻的东挪西凑。

王倩介绍道："以前学校是不供应午饭的，可有的学童就只带两个玉米，有的根本没午饭吃，所以现在改成统一的饭菜，这样对孩子们的身体和心理成长有益。"

饭后，湘生方才告诉王倩，王伯伯和王伯母已先后过世了。王倩望着湘生，久久不能言语，稍后面对东方跪下，嘴里喃喃自语道："爸爸，妈妈，原谅女儿的不孝，没有能侍候你们两位一天，不过请放心，我的爱人是个老好人，尽管我们没有自己的孩子，却有更多可爱的孩子，我会把他们教育成对社会有用的人，我要让你们以我为骄傲！"

湘生告诉王倩，她母亲王老太太遗留给她的两万美金，约合十七万人民币，湘生凑成二十万，打入王倩的银行户头。

王倩显得喜出望外，不敢相信这是真的。她紧拉着湘生的手，说道："我们正在山穷水尽的时候，这笔钱真是及时雨！"然后她松开湘生的手，对天祷告："爸爸，妈妈，谢谢你们在天之灵的保佑，这样我们就可以盖几间宿舍，学生都可以住校，不必每天往返跋涉了！"最后她又对陈重说："我们还可以多些余钱，以修补漏雨的教室和新建一间厕所。"

看到王倩和陈重兴高采烈的表情，湘生也由衷地为他们高兴，然后在心里对王伯母默祷道："您的钱我已交给王倩了，而且会用在最需要、最有意义的地方，您可以安息了！"

王倩还告诉湘生，由于她的成分不好，因此读到初中毕业就不能继续升学了，于是支农到六盘水，在那里遇到了陈重，两人志同道合，有感于这些偏远地区儿童比他们还不幸。后来正巧有机会到毕节从事支教，从此再也舍不得离开这些孩子。

原本王倩夫妻将卧室让出来给湘生，他们自己去睡教室，又安排雅芳到附近一学生家长处住宿，但湘生建议王倩和雅芳睡卧室，他和陈重睡教室即可。

晚餐也是与午餐大同小异，不过学生都已离校回家，只剩他们四人用餐。山里人睡觉早，吃完晚餐便睡了。

湘生和雅芳睡不着，拿张板凳并肩坐下。朦胧的月色中，隐隐约约的远山如画，扑面而来的清风又带着山的气息。雅芳的长发微微被吹起，裹带着一股发香，让湘生情不自禁地想往雅芳身旁靠近。雅芳有些感觉，却没再避开。

雅芳口中念道："我见青山多妩媚，料青山见我应如是。"

山中的早晚温差极大，稍后一阵凉风袭来，雅芳不禁打了个冷战。湘生忙柔声问道："冷吗？"一面把外衣脱下，罩在雅芳身上。雅芳侧着身，微微推托了一下，说道："我不冷，你自己不要受凉。"可最终她还是接受了湘生的好意。

两人就这样坐着，湘生的心灵像迷失了一般，只祈盼时光能长久地停留在此，则此生无憾矣！

3. 情归何处

芳草有情　夕阳无语

时间：一九八八年

地点：上海

从毕节回来后，雅芳还是在回避着湘生。湘生也体谅到雅芳的难处，尽管内心有无限向往，但行动上也尽量减少两人的单独相处。

一晃几个月过去了。这天，交流协会的周处长拿着两张昆曲票送给湘生，同时说道："让小林陪你去看吧，她是地地道道的上海人，你如果看不懂，可以请她给你讲解。"

雅芳耳闻如此使命，面有难色，想推辞不去："抱歉，我那天晚上要陪父母，可不可以让别的同事去？"她避开了湘生投来的祈盼的目光。

周处长却说道:"现在其他同事都有任务,看来只有麻烦你了。"

雅芳见避无可避,于是硬着头皮接下这一任务,但她没答应湘生来接,两人就约在戏院门口见面。

雅芳本来有点畏惧两人单独相处,不过当她看到湘生在戏院前徘徊不定、焦急等候的样子,心中不禁产生别样的感觉;湘生一见到雅芳,情不自禁地流露出欣慰的表情,不过他并没有超乎寻常的言行,大家都还是在礼仪上来来往往。

散场后,湘生问雅芳要不要送她回家,雅芳回道:"谢谢,我自行车就停在旁边,不需要麻烦你了。"湘生没有勉强,陪雅芳取了自行车,正要离去,忽然一辆摩托车急速驶来,眼看快要撞上雅芳了,湘生一个箭步冲上前,挡在雅芳前面,结果人被撞得飞起来,雅芳也摔在地上,好在都没什么大碍。

骑摩托车的人一看闯了祸,嘴里还叽里咕噜地怪罪别人,然后一溜烟地逃走了。

湘生慢慢起身,走到雅芳旁边,问道:"你还好吧?没有受伤吧?"雅芳扶着车爬起来。湘生露出个微笑,说:"这就好!希望你没什么!"说完,他伸出右手,想替雅芳扶车,却发现手抬不起来,脸上也显出极度痛苦的表情。

雅芳惊讶地问道:"手怎么样了?"一边伸手想去抚摸。湘生连忙闪开,说:"我还好,没什么!"嘴里还说要送雅芳回家。雅芳见湘生脸色苍白,还出冷汗,急忙说:"你摔伤了,我们先去看医生吧。"

湘生嘴里还在推托:"不要,不要,我没事!"身体却不听指挥,

第六章　天不老，情难绝

一头冷汗，摇摇欲坠地要倒下来。

雅芳急了，央求附近的人来帮手，却得不到任何回应，也看不到可以帮忙送人的车辆。正在走投无路之时，看见一辆板车经过，雅芳连忙要求拉车的民工帮忙将湘生扶上板车，然后自己推着自行车，伴送到医院。

诊断结果，湘生右手臂有三处骨折，需要打钢钉、上石膏，起码三个月不能自由活动。湘生本人倒是不太在乎，可雅芳觉得特别愧疚，总想做点什么补偿似的。湘生因右手不方便，虽住在酒店里，大部分事情有人代劳，但总还有许多不便，连吃个饭都有些困难，雅芳就帮他完成许多事。

湘生笑着对雅芳打趣道："我这是因祸得福，好人有好报。可惜只有三个月，如果一辈子这样也不错。"

"我可不会管你一辈子的。"雅芳笑着说道，顺手拍了湘生一下，不料正巧拍在他右手的石膏上，只听得咚的一声巨响，跟着湘生大叫一声，脸上表情痛苦。

雅芳吓了一跳，忙问道："呀，对不起，对不起，拍痛了吧？"

湘生苦着脸说："手上倒是不痛。"

"不痛还大叫呢。"雅芳不解。

"心里痛啊。"湘生说着，还用左手抚摸胸口。

雅芳这才领悟过来，故意装作生气的样子，背过身。湘生有点着急，慢慢凑上前去，带着夸张的笑容想把雅芳身子拉过来。雅芳用力挣脱，闪躲开去。

两人这段时日的朝夕相处，感情也不知不觉地随之逐渐升温。到了湘生拆去石膏的日子，雅芳陪着他走出医院大门，静静地走在林荫道上。湘生转过来，对雅芳说道："这两个多月来多亏你的照顾，真的好感谢，我想今天晚上请你吃饭。"

雅芳仍有些畏惧与湘生的单独相处，但又期望每一次的会面。对于湘生的邀约，她一时不知如何回应，迟疑了一下，低着头说："这是我应该做的，吃饭就不必了！"

湘生诚恳地说："你若不接受，我会不心安的。"

雅芳虽极力推辞，终究拗不过湘生的坚持，还是应承下来。

坐在红房子西餐厅时，湘生点了红酒助兴。烛影摇曳，音乐回响，湘生凝视雅芳因不胜酒力而泛红的双颊，情不自禁地对她说："你真美！"雅芳垂下眼帘，竟不敢面对湘生，湘生却看得痴了。

走出红房子，湘生问要不要叫车送雅芳回家，雅芳摇摇头，说道："吃那么饱，我想散步回去！"

走着走着，湘生伸出手来，握住雅芳的手。雅芳想抽回去，湘生手一紧，雅芳也就没敢挣脱。

两人在两旁法国梧桐的护卫下，步子越走越慢，或许都想挽住这美好的时光。到了襄阳公园附近，湘生突然转身，将雅芳拥入怀中，轻轻地说道："雅芳，我喜欢你。"雅芳想抗拒，却又感到浑身无力。当湘生的嘴唇压上来时，雅芳感受到了对方的体温。奔放的热情就像失缰的野马，再也没有束缚。在亲吻与爱抚中，两人感受到彼此的情意，虽然明知这是一段没有结果的感情，但当雅芳闭上眼，还是很享受湘生的亲吻，湘生也把以往所有的顾虑与不安抛于脑后。

对湘生来说，两人相处的每一刻都是永恒。然而对雅芳而言，每一次的肌肤之亲都有犯罪的感觉，但回家后，又渴望迎接下一次美好。时间就在这样不断反复与矛盾中度过。

第七章

漫言花落早,只是叶生迟

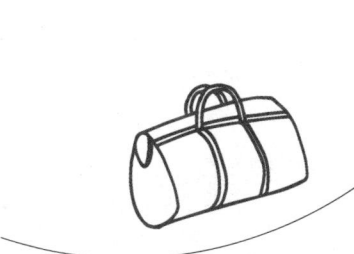

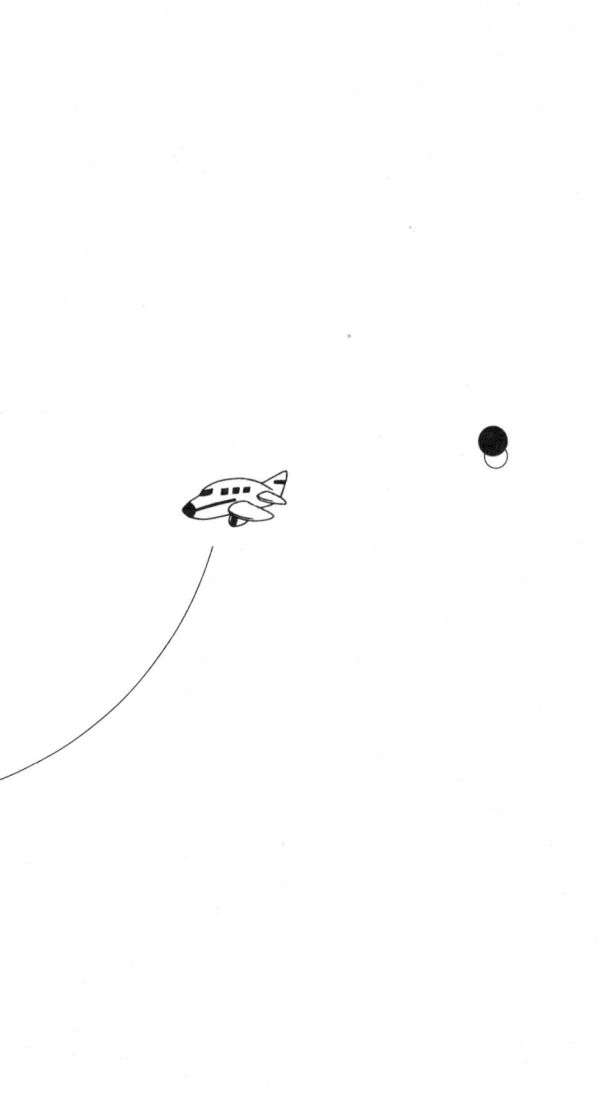

第七章 漫言花落早，只是叶生迟

1. 前度刘郎

我见青山多妩媚

时间：一九八八年

地点：上海

有时在与湘生相处时，雅芳的眼前又浮现出刘东的影子，知道这已经成为了过去，但刘东终归是她的初恋，曾经刻骨铭心的爱，也是伤筋动骨的痛。

雅芳自我分析，接受湘生的部分原因，应该是为疗治内心的情伤，忘记一个人最好的方法，是寻找另一个人来填补，但湘生能代替刘东吗？其实比较刘东与湘生是毫无意义的，两个人是那么截然不同，无论年龄、身材及其他外在条件，湘生都处于劣势；也许湘生在学养、教养上略胜一筹，但这都是看不见、摸不着的，只能说湘生正巧在这时间点出现，然后乘虚而入。

有一天，湘生出差到广州，雅芳下班后，安步当车准备回家，快要拐入弄堂口时，她的眼光习惯性地往街角扫了一下，惊愕地发现一个熟悉的身影，刘东，像以往一样在那里等候。

雅芳不由自主地停住脚步，刘东也一如既往走上前来，没有一句抱歉的话，只吩咐道："我们找个地方坐下谈谈。"

雅芳想扭头离开，又想狠狠骂他一顿，但她什么都没做，只是顺从地转过身去，静悄悄地走在刘东的身旁。

雅芳看着坐在对面的刘东，感觉既熟悉又陌生，熟悉的依旧是刘东潇洒的外表，只是多了几分成熟，脸上更洋溢着自信；陌生的是消失了学生时代的单纯，取而代之的是一眼便能看出的世故和市侩，特别是他闪烁的眼光，浮现着油滑及不能让人信任的轻浮。

刘东侃侃而谈，脸上洋溢着自满与自信："我现在在一家有军方背景的国企工作，总部在北京，不过我常会出差到上海来……"

雅芳心里七上八下地翻滚着各种复杂情绪，脸上却毫无表情，听完后只是冷冷地说道："恭喜你，终于得到了你想要的东西。"

刘东注视着雅芳，微微地摇摇头："我没得到我想要的，我要的是你！"

雅芳的心一下子翻腾起来。眼前这个人，曾经是海誓山盟，愿意为他生、为他死的人，如今距离好遥远，他的脸也在越变越小，越变越远。

但刘东的话还是让雅芳震惊，她不假思索地回道："可你已选择了王梅，她也给予了你想得到的一切。"

刘东紧盯着雅芳，继续用深情的语调说："可是她没有能把你给我。"

雅芳被刘东的话激怒了，站起身要离开。刘东一把抓住雅芳的手，恳求道："雅芳，你坐下，听我把话说完。"

雅芳无奈地坐下，低着头不再看刘东，只听见刘东用委婉的声音诉说道："雅芳，你也知道我和王梅不是因恋爱而结婚的，但她在事业上能帮我，给我一个起步的机会……"见雅芳极不耐烦的表情，他接着说："你听我讲完，我从没告诉过你我的身世，你听完我的故事，你会理解我的！"

一直以来，雅芳知道刘东是表舅公老领导的孙子，是苏北的农村子弟、支边知青，对其他情况，她从未多问；如今刘东这么一说，倒引起了她的好奇，她不由得抬起头来，想听听对方到底会如何解释。

刘东正了正身子，缓慢地说："我的成分不好，是'黑五类'，你表舅公应该告诉过你，我祖父是国民党的将军，解放时随蒋介石去了台湾，留下我祖母及我父母在乡下。每次运动，我父母都是被批斗的对象，后来父亲受不了了，跑到外地去当了铁路建筑工人，再没有回来！"

刘东有些伤感，停顿一下，缓了口气，接着说："我母亲在父亲离家出走一年后，也投河自尽！"他的眼眶开始润湿起来，目光转向远方，好似沦陷在少年时代的往事里，声音也有些哽咽："你知道吗？母亲的尸体被捞起来后，家里没钱下葬，就用木板钉了个木盒，在河边一个高地上刨个坑，掩埋起来。有一年发大水，那块高地也被冲没了……我是祖母带大的，从小就知道什么事都得靠自己，不管用什么手段，我都要争取一切可能的机会。我第一个申请支边，搞运动我也是积极分子，因为不这样，我就什么都没有，什么都不是……这是我要同王梅结婚的原因。"

也许是天生的心软，雅芳转而以较柔和的声音说道："那你又为什么来找我呢？"

刘东说道："我最爱的人还是你，我每个月都会来上海出差，我们就可以在一起了。"

雅芳的脑筋又立即清醒过来，冲口而出："你是希望我做你的情妇！"

刘东面露尴尬，嘴里支支吾吾地说不出话来："我……我……不是这个意思……"

"除了这个意思，你还能是什么意思！"雅芳一边说，一边起身离开。刘东作势要拉，最后还是放弃。

然而刘东并没有真正死心，只要出差到上海，一定来找雅芳。雅芳发现自己陷入了一个无望的困局中，因为她面对的两个男人都是已婚，理智上都不允许继续靠近。既如此，看来就只能做出相反的选择。这或许也是上天的恩赐，同时忘记两个人，总要比专心地去忘记一个人，容易得多。

2. 慧　剑

今年花胜去年红　可惜明年花更好

时间：一九八八年

地点：上海

在雅芳决定彻底拒绝刘东和湘生时，三人却不期而遇。说是不期，也不尽然。那天雅芳陪着湘生去办公务，正走出商务大楼，迎面遇见了刘东，也许他是有意等在那里的。面对这两个男人的意外照面，雅芳有点手足无措，但刘东是有备而来，因此他率先亲切地问候道："雅芳，好久不见，我到上海出差，特地来看看你。"

雅芳镇定下来，对湘生说："我介绍一下，这位是刘东，我大学时代的学长，他爷爷是我表舅公的老领导。"然后又对刘东说："这位是谭湘生，是来自美国洛杉矶的华侨，是我们协会负责接待的对象。"

湘生热情地伸出手来，与刘东相握："幸会，幸会。如果你觉得方便，我们一起去喝杯咖啡吧。"

刘东观察着坐在咖啡桌对面的这个男人，穿着上显得不同于国内的一般人，他不自觉地拉扯了一下自己高价购买的进口名牌衬衣，但似乎没有穿出湘生的品位来，不过湘生虽然看起来成熟、稳重，年龄毕竟大了一截，头上也已有微秃的迹象，他应该不是雅芳的男友吧？

刘东打量归打量，嘴里可没闲着："我祖父叫刘亚民，也住在洛杉矶。"

湘生饶有兴味地看着面前的年轻人，他有挺拔的身材及俊朗的面貌，应该是女孩心中的白马王子。看他与雅芳微妙的互动眼神，也许并不单纯，但雅芳为什么会拒绝这样一个优秀的青年呢？正在思索着，忽听刘东说起他爷爷刘亚民，湘生也回应道："怎么这样巧，刘伯伯我认识，跟我父母住同一个老人公寓。"

一杯咖啡喝完，湘生看看表，说道："抱歉，我还要去办点事，雅芳，你们老同学多聊聊，我就先走了。"

雅芳欲言又止，刘东却连忙说："改天我做东，请谭博士吃饭。"

见湘生已走远，刘东问雅芳："他不是你的男朋友吧？"

没等雅芳回答，刘东又自答道："应该不是，他已经是个半老头了。其实我这次来，还是希望你能念及我们以往的情分，给我以机会。"

雅芳沉默，是不屑于回应的轻蔑。

刘东又告诉雅芳："其实我们是很有机会正式在一起的。"

第七章 漫言花落早，只是叶生迟

看到雅芳脸上的问号，刘东解释道："你刚才也听说了，我祖父跟我小叔现在洛杉矶居住，说他们很想回家看看的。如果我有机会去美国，会和王梅离婚，你跟我去美国吧。"

雅芳用鄙夷的眼光注视着刘东，刚才对方的言语终于震醒了雅芳短暂的迷思。是什么样的环境，居然塑造出这样一个人格自私、唯有自我的人？为一己之私利，他什么都可以交换和出卖……想到这里，她立刻起身，不再理会刘东的拉扯，愤然离去。

雅芳决定慧剑斩情丝，决不继续与刘东及湘生发生纠缠。

这天，雅芳默默地走在湘生身旁，湘生轻声问道："你今天都没怎么开口，是有什么心事吗？"

雅芳沉思着，然后鼓起勇气地说道："以后除了公事，我们两人不要再私下见面，这对我们彼此都有好处。"

湘生低下头，细声地说道："我知道目前的局面对你很不公平，可是我真的好想看到你。"

雅芳说："别这样，我们以后还是少见面为好！"

湘生显然理解雅芳及自己的现实处境，黯然响应道："只要是对你好的事，我都愿意去做。你放心，我不会再来烦你了！"

往后几天，雅芳与同事聊天和回家帮忙家事，起码从外表上看日子虽然难过，但还是能够过去。湘生则显然没这么幸运，除了完成公事，他只有躲在旅馆的房间内看着天花板，数着日子过，心中也是百感交集。好在再过两天，湘生就要暂返洛杉矶述职，也许正好给彼此一个冷静思考的空间。

3. 天涯归程远

何处合成愁　离人心上秋

时间：一九八八年

地点：洛杉矶

毓晶太忙，是请公司老杨接的飞机，把湘生往家里一送，就赶紧离开了。湘生看看时间，才上午十点半，毓晶下班到家总是晚上七点半以后的事，中间会有八九个小时，本来是可以睡一觉的，倒一下时差，但又怕晚上睡不着。

湘生想了想，不如先去老人公寓看看母亲、刘伯伯、刘伯母及同老人公寓的其他长辈。他翻了翻冰箱，见里面空空如也，什么吃的都没有。

毓晶不善厨艺，也从不管湘生有没得吃的。她明知今天湘生会久别归来，家中却依然是冷锅冷灶，湘生只好弄碗泡面将就吃点，然后找到汽车钥匙，开车前往老人公寓。

如玉看到湘生，说不出的高兴，连忙问吃过饭没有？听说只吃包泡面，没有理会湘生的解释，就马上到厨房煮饺子。

湘生站在厨房中，向母亲报告了自己的近况，也闲话了会儿家常，询问老人家最近的生活状况。谈话间，知道母亲已恢复正常，又开始参加各种小区活动了，日子过得挺忙、挺充实的。

如玉感叹地说道："老人一定要会安排自己生活，世界天天在变，我们只能跟着变，才能与时俱进呀！"

湘生欣慰地看着正在厨房忙碌的母亲，由衷地说道："妈，有你这种生活态度，是一定会活一百岁的！"

如玉停下手来，若有所思道："我不知道要不要活那么久，恐怕到时连讲话的朋友都没有！"说到这里，又补充一句，"啊啊，你刘伯伯也走了。"

湘生惊讶地问道："什么时候的事？"

如玉脸上浮现出感伤的表情，回道："大概半个月以前，你过会儿去看看刘伯母。"

湘生吃着饺子，细看母亲的身体及精神状况，似乎感觉还不错。父亲往生已有一段时间，母亲也应该走出悲情了。

想不到没等湘生问及，如玉已先提到嘉善，说道："你爸爸走了快一年，我现在连个拌嘴的人都没有！"她边说，目光边转到墙上他俩的那张结婚照上，眼眶里有些湿润起来。

湘生体味着母亲透露出来的那种寂寞而空虚的晚景，试图转移老人家的注意力，他说："妈，下次去大陆，我会把爸爸的骨灰盒一起带去，安葬在谭家村的。"

如玉又望了望那张结婚照，缓缓地说："这太好了！你爸爸一直想要魂归故里，终于可以如他的心愿，不过到时候记得在边上替我留个空位。当然，其实我葬在哪儿都无所谓，关键是要跟你爸爸在一起。"

如玉大概可能感觉到这话题太悲切，接着和儿子开玩笑道："我可不想给别的女人机会。"

从母亲那儿出来，湘生就赶去刘伯母家。应门的是刘伯母，看到湘生，她有些惊讶。湘生在客厅里坐下，趁着刘伯母张罗茶水的时候，他发现书柜子上新放着刘伯伯的黑白遗照。待刘伯母端着茶过来，注意到湘生的眼光，于是告知道："是的，你妈妈应该告诉你了，你刘伯伯已经过世。"

可能被访客询问了太多次，刘伯母没等湘生开口，解释说："就是半个月前，我从外面回来，刘伯伯躺在地上，当时已神志不清，嘴里咕噜着'我要回家，我要回家'！送去急诊后，没两天他就走了……"

湘生问道："后事办得如何？"

刘伯母应道："前两天就火葬了，不过骨灰还暂存在殡仪馆里。"

湘生"嗯"了声，说道："我爸爸骨灰也存放在灵骨塔，不过我下次去大陆，打算把骨灰带回我们老家。"

听了湘生的回答，刘伯母似联想起什么，赶快喊声："湘生！"迟疑了一下，但又没开出口来。

湘生在疑惑地等待着刘伯母的下文，一直到刘伯母终于鼓起勇气，接着往下说："湘生，我有件事想麻烦你，不知你方不方便？"

"什么事？只要我能办到，一定会尽力的！"

"是这样的，刘伯伯晚年唯一的遗愿，就是想回故乡。"刘伯母说完，看看湘生，显出不好意思的表情，"可是我现在行动不便，无法长途旅行，而忠国和建国又忙事情，走不开，现在你既然要送你爸爸骨灰回去，能不能把刘伯伯的骨灰也带回去？"

没等湘生回答，刘伯母又赶紧说："我会通知刘伯伯的家人去接机的。"

湘生苦笑一下，只有应承下来。

毓晶晚上回家，问起湘生在大陆的情况，没谈几句，便呵欠连天。湘生赶紧跟毓晶提及下次回大陆要带两个骨灰坛的事，毓晶也是心不在焉地应付两句，便去睡了。

湘生看着睡熟中的毓晶，觉得两人的距离越来越远，几乎无话可说。

接连几天，湘生都在忙着打听骨灰坛运送的事，才发现中间的手续很烦琐，最后决定由自己随身携带。骨灰坛可以放在两个长方形的盒子里，然后装到手提行李箱中带回上海。

飞机上，湘生只有将手提箱放在机舱上面的行李柜中，默祷道："爸爸，刘伯伯，我要带你们回家了，一路上你们还可以好好聊聊。"

第八章

此情可待成追忆，
只是当时已惘然

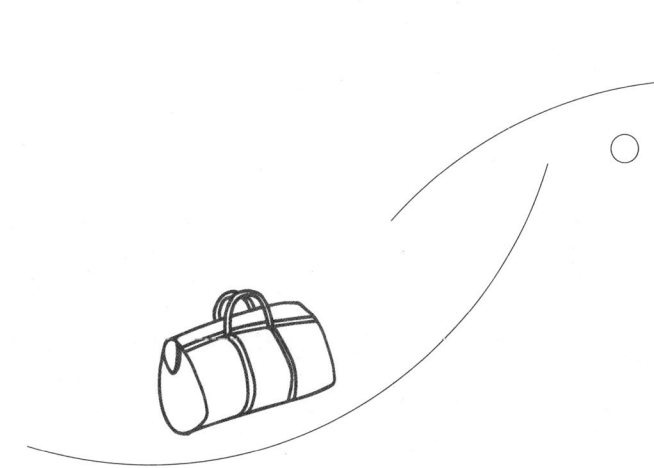

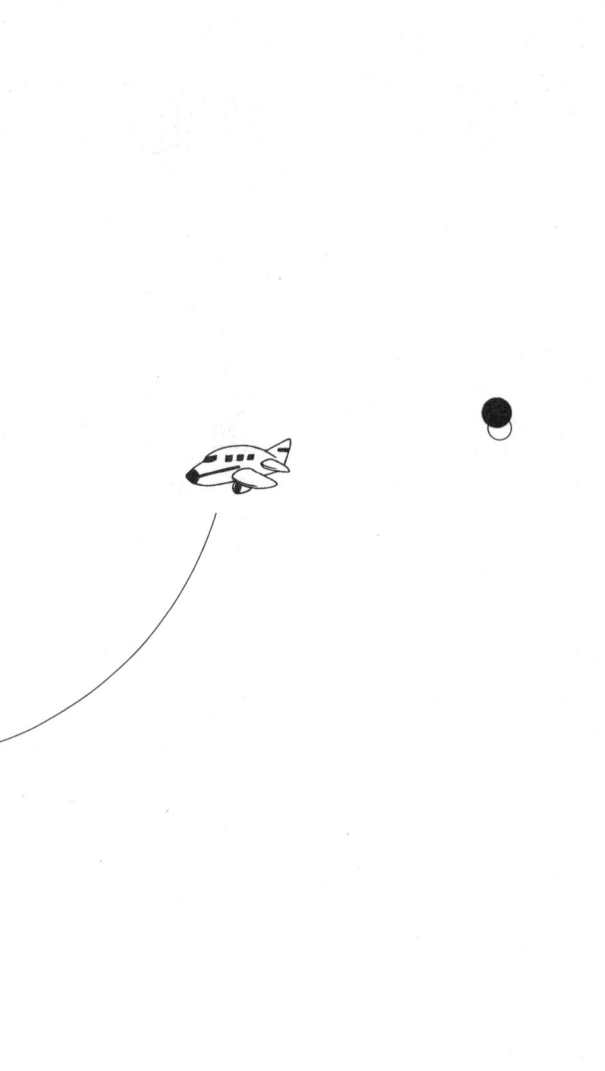

第八章　此情可待成追忆，只是当时已惘然

1. 灵归故土

梦魂思故里　今日终还乡

时间：一九八八年

地点：湖南

湘生到达虹桥机场，办完入境手续，看到在候客区等待他的除了雅芳，居然还有刘东。湘生心里一沉，原来雅芳没和刘东分手，难怪呀。不过面对刘东，湘生又觉得自惭形秽，只有默默地祝福雅芳了。

刘东先迎上来，招呼完了湘生后，他急忙问道："我祖父呢？没有跟你在一起吗？"

湘生随口应了声，还有点没明白过来。

刘东却一脸焦急，继续道："家里来信了，说你送他回来的。"

湘生这才恍然大悟,知道洛杉矶的刘伯母恐怕未告诉刘东实话,于是让刘东误会了,不过目前的场合也不适宜多谈,于是说道:"这事说来话长,我们到酒店再说吧。"

当刘东了解到回来的只是祖父的骨灰时,积累多时的情绪突然爆发,竟歇斯底里地叫道:"这个死老头,害我一辈子,弄得我家破人亡,到死还想害我,这骨灰,我才懒得理呢!你怎么带他来的,你就怎么带他回去好了!"说完,便冲出酒店,头也不回地离去了。

雅芳惊愕地望着刘东的背影,回想起飞机降落前,刘东还在兴高采烈地憧憬着祖父会带他去美国的远景,如今一切幻想破灭,希望愈大,失望也愈大,难怪他有这么强烈的反应!

湘生面对这突发的一幕,也有些手足无措,犹疑一下后,他毅然说道:"刘伯伯,我只有先带你去湖南,回头再送你回故乡。"

雅芳看着湘生,比起刚才走掉的刘东,这两个男人的差别竟是如此之大,难道完全是环境造成的吗?

见雅芳仍刻意地保持着距离,湘生没好意思开口邀她同行,就自己托人买了张到长沙的来回机票,又设法通知谭家村的村支书谭重远。不过,让湘生没想到的是,去机场的那天,雅芳还是赶来送行了。

握着雅芳的手,湘生深情地说:"上次的湖南之行,是我一辈子最美的回忆!"雅芳抽回手,望着转身离去的湘生,勾起的是过去陆陆续续的画面。

湘生风尘仆仆地赶到谭家村,在谭重远的陪伴下,再次来到祖

第八章　此情可待成追忆，只是当时已惘然

父的墓地旁，站在两个紧临的墓地前，一个是空白的墓碑，另一个墓碑上刻着"梦魂思故里，今日得还乡，湖南长沙，谭嘉善之墓，公元一九一五年至公元一九八七年"。

湘生敬了三杯酒，然后祷祝道："爸爸，安息吧！您离乡背井六十载，如今总算回了家，我不知道什么时候能再来看您，不过这里是您的故乡，魂归故土，相邻相伴的不是故友，就是同乡，您不会寂寞的。"

湘生又向周围敬了三杯酒，说道："诸位长辈，乡亲，今天我父亲迁来此处，还希望你们多多照顾这位重回家园的游子！"说完，他在墓前磕了三个响头，立起身来，依依不舍而去。

一阵轻风将刚刚焚烧的纸钱吹散在空中，又飘然落下。湘生边走边回顾，知道这一去，可能一生一世也没有机缘再回来。其实，自己将来的归宿又在哪里呢？应该不会有人为自己归葬故土，而且何处是故土？

返回上海后，湘生又马不停蹄地赶往盐城。旅程中，他想起王倩与刘东的处世为人，真有天壤之别，难道人性会有如此大的差别？是先天还是后天，是本性还是环境造成的呢？他一时想不明白类似的问题，或者说也不愿意去深究得太明白。

湘生在盐城找到了刘伯母和姚爱月的老家，发现已物是人非，早换了住户。在多方打听都不得要领的情况下，他只有到当地派出所去查询，一问，才知道这位刘伯母已经在一年多前过世，至于葬在何处，只有她的后人才知道。

151

想到刘东之前的所作所为，湘生不寒而栗。以刘东对他爷爷的怨恨程度，他是不可能理会刘伯伯的请求，更不会让他们二老合葬的。

没办法，湘生只有到殡仪馆去查，受恳求与金钱双管齐下的影响，管理人员终于以刘伯伯是海外关系的名义，网开一面，查出了刘伯母骨灰在灵骨塔的位置。正巧旁边还有个空位。湘生又出了一笔钱，终于将刘伯伯的骨灰放置到那空位里，并题上"日月相迎送，阳关伴故人，江苏盐城刘亚民，公元一九一二年至一九八八年"。

湘生在刘伯伯、刘伯母灵骨牌位前，默祷道："刘伯伯，我让你留在这里陪刘伯母，你和她一辈子聚少离多，如今总算可以安安稳稳地在这里长相厮守。"

要将刘伯伯的骨灰带到大陆安葬，忠国与建国是不赞同的，建国说："我们都是美国人，把他送回中国，没人会去看他的，我真搞不懂你们这些老人怎么想的！"

"你们"像一道鸿沟，划在了他与这些父辈的中间，因为每家的教育方式各异，所以下一代的想法也自然不同，甚至无所谓谁对谁错。唯有文化的传承和民族的延续，才是每个人的选择，在强势文化面前，就在于每个人的观点与立场不同而已。

2. 情未了

春风十里柔情

时间：一九八八年

地点：上海

湘生从湖南回来后，雅芳虽仍是回避着他，但态度上略有缓和。这一日下午，有个官方会议需要湘生参加，雅芳陪同出席。会后，雅芳本想回家，湘生却邀请她共进晚餐。雅芳看着湘生祈求的眼光，不忍再拒绝，两人漫步到一家老上海风味的餐馆，还是油焖笋尖、烤麸、熏鱼、炝蟹四个凉菜和红烧肉、清蒸桂鱼、炒时蔬、三个热菜，湘生外加了一个黄鱼汤，然后对雅芳说："我不知道以后还有没有机会再同你一起用餐，这些菜都是我第一次请你吃饭时点的，也算有始有终吧！"

说完这话，湘生又找了张纸，密密麻麻地写着诗，写完后说："我第一次请你吃饭时，写了首诗送你。这首诗是我前两天经过你家时，有些感触而写成的。今天抄录了赠送给你，留个纪念！"

假如你是山

假如你是山，
我愿是那紧傍着你的水，
虽然不能与你拥抱，
但每当太阳升起，
就能将你的影子，
映印在我心里。

假如你是山，
我愿是那紧傍着你的水，
虽然不能听到你的声音，
但潺潺的清泉，
总能将你的讯息，
传送到我心里。

假如你是山，
我愿是那紧傍着你的水，

虽然不能感觉到你的温存,

但轻软的微风,

却能把你的呼吸,

荡漾到我心里。

假如我是那傍着你的水,

有一日,

思慕如同炙热的阳光,

终会让我燃烧,

将我蒸发,那时,

我愿——

成为氤氲的残躯,

化成及时的甘露或多情的彩蝶,

滴洒、飞舞,任你漠然!

  读完这首诗后,雅芳感受到湘生炽热的情意,好似更有些莫名的伤感。餐后,两人并肩散步,但保持一些距离。突然,湘生伸出手来,紧紧牵住雅芳。这次,雅芳没有拒绝。
  两人再次亲近后,雅芳似乎也去除了心结,变得放松许多。
  一个盛夏的下午,毒辣的阳光将整个城市晒得热烘烘的,女人们撑着遮阳伞,想隔绝这绝对公平、一视同仁又无情的烈日,男人们则穿着背心短裤,甚至光着膀子,摇着扇子,拿张小板凳,躲在屋檐下的阴凉处，聊聊国家大事和里弄是非。

湘生及雅芳迫不及待地回到国际饭店，去享受现代社会的洗礼——空调。湘生回到房间，衬衫已经湿透，便找了件运动衫到洗手间换下来，同时拿了件干净衬衫给雅芳，说："你也去换一下吧，湿衣服穿在身上多难过。"

雅芳摇摇头，说："我不换，我马上就回家。"

湘生说："你家那里洗澡也不方便，不如就在这里洗个澡，换件衣服，等衣服干透了再回家，否则空调一吹会感冒的。"

雅芳想了想，觉得没有再推辞的理由，就顺从地进了洗手间。

等雅芳洗完出来时，湘生看得呆住了，只见雅芳清秀的面庞上未施任何胭脂，长发扎成马尾，宽大的男士衬衫穿在她娇小玲珑的身上，就像一件罩袍，显得别有一番洒脱的风情。

湘生走上前去，拥抱着雅芳，含情脉脉地看着她说："你真漂亮！"

雅芳浅笑道："难道我以前不漂亮吗？"

湘生说："当然漂亮！"然后低下头来亲吻雅芳两边雪白的粉颈。

雅芳怕痒，不由自主地抖动身体。湘生嗅到雅芳身体肤发混合的清香，感受到薄衬衣下面扭动的柔软光滑的躯体，并且冲动地欲亲吻雅芳的香唇。雅芳颤抖起来，想推开湘生，却又感到四肢无力，只是轻轻地推了湘生两下，忽然脚下一个趔趄，跌倒在地上。

湘生顺势压在雅芳的身上，雅芳终于彻底崩溃了，闭上双眼，迎接着湘生骤然澎湃的热情。不一会儿，两人真正形成了灵魂与肉体的交融。

3. 情路多艰

江上柳如烟　雁飞残月天

时间：一九八八年

地点：上海

雅芳手拿搪瓷钵子，正排队等着取菜，突然听到排在前面的队伍中，传出自己的名字。"小林最近和那个美国的谭博士走得很近，不过人家可是有老婆、有小孩的。"有个女同事这样说着。另外一个同事马上接腔道："这有什么关系，他可以离婚再娶，那小林就可以名正言顺地去美国啦。"

第三位男同事的嘴也不愿闲着："就怕偷鸡不成蚀把米，赔了夫人又折兵，小林就惨了！"言语中透露出些酸味，也有幸灾乐祸之意。

那男同事边说，边一回头，猛然看到雅芳，赶紧闭嘴，并且又是手势，又是眼色地示意其他同事雅芳正排在后面。

取好菜，雅芳端着搪瓷钵子想找个座位，但总感觉到旁人的指指点点和异样眼光，一气之下，就离得远远的，找了个没人的桌子坐下。她正默默地吃着饭，旁边过来个人，也坐了下来，抬头一看，原来是周处长。

周处长对雅芳笑笑说："一个人啊，我陪你！"

雅芳本想独自静一静，但周处长是领导，不好说什么，于是她往边上挪动了一下，算是回应。周处长则有一句没一句地和雅芳搭讪着。

周处长问道："谭博士那儿进度怎么样？再有个把月就要结束吧？"

雅芳思索着这话背后的含意，回道："快了吧，他已经在做结论报告了。"

周处长说："他走后，你也写个报告，总结一下这次接待的经验，作为以后工作的参考。"又意味深长地补充一句，"他有没邀请你到美国去玩啊？"

雅芳心想说到正题了，谨慎地回答："这怎么可能？每个接待人员都被邀请的话，美国恐怕要人满为患。"

周处长笑笑："那倒是。"接着端起钵子去别桌坐。

雅芳决定不再理会他人的闲言碎语，更不再避讳旁人异样的眼光。但个人内心的强大，并不能阻断更多的风言风语，甚至于到了后来，连周处长都忍不住地找雅芳个别谈话，他先是表示可能调别人来接替雅芳的工作，只是因为湘生的项目已近尾声，协会里又一时找不到合适的人选，暂时作罢。

周处长威胁说雅芳违反了单位纪律，对单位的名声造成了很不好的负面影响，如果她不与湘生断绝来往，只有将她从工作单位除名了。

周处长也暗示过湘生，说他的男女关系，对他服务的公司与国内的合作都会有影响。

不仅如此，风声也传到了她所居住的小区，邻居们不怀好意地冷嘲热讽、评头论足。雅芳的家只有两间房，后面一小间是雅芳父母的卧室，大间则是客厅、书房兼饭厅，角落里放着张床，旁边用布帘子遮挡一下，就是雅芳的卧室了，厨房和厕所则是几户人家合用的。

雅芳这天心事重重地躺在床上辗转难眠，突然听到父母悄悄私语的声音——

父亲林海："阿囡现在跟谭博士走得很近，我真怕她吃亏。"

妈妈夏娴："小囡大了，讲不清爽了。我现在出去，后面总有人指指点点的，唉，真是前世作孽啊！我现在是低头做人，什么地方都不敢去！"

雅芳听到这里，眼泪不禁流下来。自己没把握好，连累了父母被人议论，明天无论如何得跟湘生说清楚，还是就此了断为好。

然而当雅芳表达了自己的想法时，湘生的反应并不激烈，因为无论如何,这些都是在预料之中的。雅芳看着陷入沉默的湘生,眼中露出的是忧郁、无奈与伤感,还包括几分不忍,她继续说道:"我们别无选择,错在发生了一段不该发生的感情,现在回头还来得及。"

湘生低着头,静默好一会儿,然后像是鼓足勇气地说:"我回去会跟毓晶谈的,只要她肯离婚,我什么都不要!"

雅芳惊讶地望着对方,这个说愿意为她抛家别子、放弃一切的男人,看起来是那样孤独无助,她真想上前再拥抱他一下,但理智还是阻止了她。

"湘生,别犯傻,你知道这是不可能的……"

湘生不等雅芳说完,就回应道:"你怎么知道不可能?我一定会试的,一定要试一下!"

"别这样,分开对我们两人都是最好的结果,不要再自寻烦恼了!"没等湘生回话,雅芳已转身离开。

4. 缘"分"

此情可待成追忆　只是当时已惘然

时间：一九八八年

地点：上海

真正决定性的一击，来自毓晶，虽然两人的夫妻关系已名存实亡。

那天，雅芳还是如常地做着接待工作，她和湘生回到国际饭店底楼大堂时，湘生忽听得有熟悉的声音在叫自己，一回头，惊愕地发现竟是毓晶，而且她正坐在沙发上等候。

湘生本想支开雅芳，但毓晶已走到两人面前，他只有尴尬地向毓晶介绍雅芳。雅芳见毓晶投来的目光不乏敌视，感觉非常不自在，刚开口说："我……"还没来得及说下文，毓晶已接茬道："你先不忙走，我想我们三个人需要好好谈一谈！"

毓晶转过脸，又问湘生："我可以先住你的房间吗？"

没等湘生回答，毓晶接着吩咐道："湘生，你先把我的行李拿到房间里去！"

湘生和雅芳不禁面面相觑，一时不知如何面对这样的场面。毓晶用一种轻蔑的口气说道：

"还等什么，走吧！"

湘生看了雅芳一眼，劝说道："雅芳，你先回去，这里没你的事了。"

雅芳还没反应，毓晶已哼了一声，厉声道："怎么没她的事？我还有事要请教她呢！"

雅芳心想，事已如此，反正同湘生已经分手，把事情讲明白也好，于是脸色一正，说道："好，我跟你去。"

湘生拿着行李在前，雅芳紧随其后，毓晶则在最后像押解犯人似的，往湘生房间走去。

湘生将毓晶的行李放到房间里时，毓晶已先打开衣柜及到洗手间察看，出来说道："还好，还没来得及搬进来！"

雅芳气得涨红了脸，却不知如何发作。看这阵势，毓晶已完全掌握了主动权。

然而湘生忍不住地提高声调说："毓晶，你不要太过分！你说吧，你这次来有什么事？"

毓晶冷笑着，眼睛往雅芳这边扫了下，说道："什么事你们心里明白,若要人不知,除非己莫为!"

湘生哼一声,说:"也好,你不来我也要回去找你谈的。不错,我和雅芳是两情相悦,没有什么见不得人的事。"

"你有什么资格谈情说爱?"毓晶声色俱厉地质问道,"难道你不知道你是个有家庭、有儿子的人吗?"

湘生像一下子被人点到了软肋,沉默了会儿,口气转为平静地说:"我们之间从来没爱过,现在子如也已成年,我们离婚吧,我什么都不要。"

"你说离就离,没那么简单!你现在找个年轻漂亮的快活,我人老珠黄去嫁给谁?"毓晶气极,脸色铁青,"谭湘生,这样的美梦你想都不要想!"

湘生低下头,看着地面,低声下气地道:"毓晶,我求求你,放我一条生路。你有什么条件尽管说,我什么都可以答应你!"

毓晶见湘生愿意为雅芳牺牲一切,心里凄楚,也更坚定了自己此行的目的。她的脸上透露出一股肃杀之气,决然地说:"好,我告诉你我的决定:第一,我永远不会签字离婚;第二,如果你还和这个女人在一起,我会写信给美国大使馆,告她妨碍家庭,让她永远没法去美国;第三,如果你脱离家庭,我会告诉你公司、你朋友,让你身败名裂,永远不可能再来中国。现在,你还有什么问题吗?"

湘生的身子已凉了半截,愤恨地说道:"毓晶,你好狠毒!"然后转过头去对雅芳说:"我先送你回家。"

毓晶看着两人的离去,眼角淌下了泪水。是的,这一仗是打赢了，却是惨胜，把丈夫输掉了。

一路上，湘生和雅芳都没说话，但他们知道能再这样走在一起的机会不多了。毓晶说得对，她把两人可能的出路都堵死了。此情可待成追忆，只是当时已惘然。

坐在上海回洛杉矶的飞机上，毓晶虽极度疲惫，却没法合眼。过去四十八小时的经历，像走马灯似的，一幕幕地展现在面前。

当王太太故意透露湘生在上海有外遇后，毓晶不动声色地回到家里，盘算了一夜，尽管湘生只剩不到三个月的任命，但为斩草除根，她还是决定亲自出马，去趟上海。

于是毓晶第二天就去办护照，买机票，一切就绪，甚至没通知任何人，就直接飞到上海。

而在跟湘生和雅芳的谈判结束后，毓晶坐在沙发上等候湘生，直到凌晨三点半，湘生才推门进来。两人都没互看一眼，湘生径直去洗手间，出来后，毓晶没好气地吩咐道："我今天上午的班机回洛杉矶，你送我去机场。"

湘生嗯了一声，拿条毯子睡在沙发上。

毓晶知道，这下半辈子的日子，大概就这样子过了。

5. 前路遥遥

总是离人泪

时间：一九八九年

地点：上海

自从毓晶来过上海后，雅芳上了不到一星期的班，就请病假在家休息，连湘生最后离开，她都没去机场送行。

湘生失魂落魄地度过了在上海的最后几天，入关也拖到最后一刻，才依依不舍地进去，但频频回首的结果只是一次次更大的失望。

望着机舱窗外的虹桥机场，湘生仍在盼望那明知不可能的奇迹，同时自言自语道："别了，雅芳！别了，上海！再相见只有等下辈子了……"

此时，雅芳也正眺望着窗外的蓝天，计算时间，应该是湘生的航班已起飞了。她在心里默念着:"湘生,愿你多保重,我们来生再见!"

突然一阵恶心涌上来,雅芳连忙冲往厕所。其实有这感觉不是现在才开始的,雅芳也知道这意味着什么,但她不想让湘生知道。经过几天的深思熟虑,她决定独自承担这一苦果。

雅芳走出厕所时,只见妈妈夏娴焦急地站在那儿,劈头就问道:"是哪里不舒服,要不要去看医生?"

雅芳摇摇头,有气无力地回道:"没什么,可能是受了凉,歇会儿就会好的!"

夏娴一把握住雅芳的手,拖着她就往屋里奔,进得房门,马上合上门。

林海已脸色铁青地坐在椅子上,看到雅芳进来,立刻冲夏娴问道:"你问过她没有?是不是怀孕了?"

没等夏娴回答,雅芳已开口道:"是的,我是怀孕了!"

林海跳起身来,反手就打了雅芳一记耳光。这是父亲第一次,也是唯一一次动手打女儿。

夏娴忙拦在父女俩的中间,对林海吼叫道:"有话好好讲,你怎么可以打人!"

雅芳被父亲的举动惊吓住了,好一会儿没反应过来,等定下神后,她反而很冷静地说道:"爸爸,妈妈,对不起!"

林海问道:"是那个谭博士的吗?他知不知道?"

雅芳平静地看着父亲,语气和缓地回道:"是谭博士的,但他

第八章　此情可待成追忆，只是当时已惘然

不知道，而且今天早上他已经离开上海回美国去了。"

林海几乎又要冲过来，但忍住了，双拳紧握，气呼呼地往椅子上一坐，老泪也不受控制地流下来。

夏娴拉着雅芳的手，顿着脚，压低的声音里透着悲怆与无奈："阿囡，你怎么这么傻！现在事情都出了，你不和他讲，往后可怎么办呀？"

林海接腔道："还能怎么办，只有去医院做掉！"

雅芳停顿良久，然后用坚定的口吻宣告道："爸爸，妈妈，我决定把这孩子生下来！"

"是的，我要把这孩子生下来！"雅芳见父母面面相觑，一时惊呆了，又重复道。

林海已气得讲不出话来，夏娴满面泪痕，凄楚地劝女儿道："阿囡，你疯了吗？小孩生出来，你以后还怎么嫁人！"

雅芳强忍住泪水，仍毅然决然地说："我这辈子不嫁人了，我要独自把孩子养大。"

林海忍不住了，再次从座椅上蹦起来，说道："你想得太天真了！你还没结婚，怎么可能有准生证，你到哪里去生啊？"

"你为这个姓谭的背黑锅，值得吗？他拍拍屁股走人了，以后的几十年，你一个人怎么过，你想过没有？"夏娴也在一旁补充道。

但无论父母如何软硬兼施，雅芳心意已决，一定要保住胎儿。经过几天的冷战，雅芳最后还以绝食作为抗争的手段。

夏娴来到雅芳的床前，看着已经绝食两天的女儿，泪眼汪汪地

说道:"唉,我前世作什么孽,竟有你这样的女儿!你不为自己着想,也得为肚里的胎儿爱惜身体吧,快起来吃点东西。"

雅芳面向墙壁,任由眼泪沿着脸颊流下来。

夏娴坐到床边,叹了口气说:"你爸爸已经答应让你到乡下外婆家去待产,你就起来吧。"

得知父母已决定成全自己,雅芳才坐起身来,但并没有显示出高兴的样子。她一把抱住母亲,终于哭出了声。母女俩相拥而泣,夏娴还轻拍着雅芳的背部,给予她贴心的慰藉。

雅芳为掩饰怀孕的过程,也为避免外界的闲言碎语,打算听从母亲的建议,辞去交流协会的工作,对外声称是想下海经商,实际上搬到了乡下的外婆家。

几个月后,女儿晓丽出生了。林海托人在农村为外孙女买到了一个姓张的户口,办下准生证,于是晓丽便姓张。

6. 冷

最是寂寞无人语

时间：一九八九年

地点：洛杉矶

子如关紧房门，不想听父母吵架的声音。说是吵架，不如说是妈妈骂爸爸，爸爸总是保持沉默。子如只听到妈妈的声音："不要以为你不出声，就可以逃避，你是无声的抗议，是吧？我告诉你，你理亏，所以你不敢出声。我最恨的就是你这种表里不一的人，心里面恨我恨得要死，嘴巴里却放不出一个屁来。好，你不说，我就要骂你这伪君子，骂个痛快！"

可能是湘生站起来，准备躲开，只听到毓晶刻薄地说道："不准走，你想走开，去想那个狐狸精，没那么容易。你在这里想她，说不定那狐狸精正在跟别人睡觉呢!"

湘生显然被激怒了,大声地叫道:"不许你侮辱她,她一点都没错,千错万错是我的错!"

说完只听得砰的一声,是摔门离去的声音,然后毓晶大声地哭喊:"你不要我讲,我偏要讲!那个狐狸精,那个死狐狸精!"

这样的节目,日复一日地上映,台词可能有所不同,剧目却是天天一样。子如拿出耳塞,然后是耳不闻,心不烦,专心地看书。

子如很少有和父亲交流的机会。自从湘生从上海回来后,虽然还在四十多岁的壮年,但已成为一个孤僻老人。朋友聚会时,毓晶总逼着湘生参加,还人前人后故意表现出亲密的样子,但湘生反应很冷漠,时常沉默寡言,久而久之,他渐渐成为聚会中的异类,与大家格格不入。

与父亲相比,子如跟母亲的交流就亲密很多。尽管在她面前的多半时间,是在被灌输她的思想,或者数落湘生及那个狐狸精的不对,但毓晶也很重视子如的学业,希望他出类拔萃,将来为妈妈争口气。

7. 岁月沧桑

莫愁前路无知己

时间：二〇〇七年

地点：洛杉矶

自从十八岁离家赴外地上大学后，子如很少回家，一方面固然是忙，另一方面则是不想回到那没有家庭温暖的家。虽然子如才三十岁出头，但已是美国有名的脑神经外科专家。他一米八五的身高，幽默风趣的谈吐，却仍是孤家寡人一个。

真是皇帝不急太监急，毓晶每次见到子如，就会询问他交友恋爱的状况，弄得子如更不愿回家，甚至不敢接母亲的电话。

相对于毓晶，湘生不大过问子如的私事，只有一次对子如说："婚姻是大事，一定要考虑清楚，否则会遗憾一辈子的！"

那一刻，子如感觉到父子心意的交流，也看到了父亲的部分真实。

当然不是没有机会，以子如的条件，亚裔的、西裔的；主动的、被动的；朋友介绍的，长辈安排的，只是时间不够分配而已。也有一两个走得较近的，可一到谈婚论嫁，子如就打退堂鼓。受父母的影响，子如对婚姻有恐惧感，也不敢相信爱情。

毓晶终于将生意卖掉，结束了曾经还算辉煌的事业。买主就是以前的员工周小姐，其实周小姐离开毓晶公司有十几年了，她不但自己走，也带走了几个公司得力的员工，最主要的是许多客户也跟着出走，尤其是那个墨西哥裔的卡罗斯，极力鼓动其他墨裔客户与他同进退。

周小姐的生意越做越大，而毓晶已不是竞争对手，利润薄，赚不到钱，只好放盘出去，但除周小姐外，没有其他人感兴趣或竞价，只有盘给她，自己正式退休。

无店一身轻，这一日，湘生在洛杉矶的老同学聚餐云鹤楼，也算庆祝毓晶卖店成功，子如正好返家，就一同去了。

后来发现侍者居然是以前沪申园的小李，真是巧极。大家聊起来，说到小李，当时他出去开餐馆时，大家都一致看好，想他内外兼修，厨房外场全懂，肯定成功，却没想到在一个最忙的周末，厨房、侍者一起辞职走人，硬逼得小李最后关店。大家的结论是：小李当伙计很好，当老板太抠门，员工就会要他好看。

那天湘生似乎有感而发，也列举了周小姐的例子，说因为周小姐平日对客户较宽厚，所以客户越做越多，而且帮客户做大后，也等于在帮自己。

毓晶越听越不是滋味，几次想打断湘生的讲话，但湘生就是不加理会，一直滔滔不绝地说个没完，好像要把多年封闭的口，一下子打开；又好像是借题发挥，指桑骂槐。

湘生还借机告诫子如做人要厚道，要舍才能得，并以英文 forgive 及 forget 为例，forgive 是原谅、宽容的意思，拆开来说，要宽恕就是要给，所以是 forgive。而 forget 是忘记，拆开来说，只有选择忘记，才能得到，forget。能舍才得，中外都是一样，子如很难得地接受父亲的教诲。

就在这次聚会的饭桌上，毓晶提到现在自己年纪大了，只想坐邮轮出游比较轻松，不要每天搬动行李，到处奔跑，还当场提议明年大家坐邮轮去北欧。马上有十几个人附议响应，湘生晕船不想同去，毓晶也不愿勉强，由他。

有人提到明年大学毕业四十五周年，校友会举办神州大地游，鼓动湘生报名，因行程与毓晶的邮轮行冲突，毓晶不能参与，大家都起哄要毓晶放湘生一次假。毓晶看着身边这个年过花甲的白发老翁，而曾经出轨的那一段，已是近二十载之前的陈年旧事，碍于情面，她拉不下脸来否决，只好勉为其难地答应。

在座的子如也好奇父亲会不会到上海重拾旧欢，但看看父亲老态龙钟的模样，不禁哑然失笑：即使再找到那狐狸精，谁还会要这糟老头呢？

席间，大家都对子如的成就推崇备至，赞不绝口，毓晶原有的一些不快，立刻被冲淡不少。其中也少不得又提到子如的婚事，毓晶要大家留意着，有合适的女孩帮忙介绍。湘生在这件事上，却不置一词。

第九章

无可奈何花落去，似曾相识燕归来

1. 归

一怀愁绪　几年离索

时间：二〇〇八年

地点：上海

上海，中国的骄傲，东方闪烁的明珠，两千年的历史，没有给她带来沧海桑田的感觉，反而像涅槃的凤凰，浴火而重生。死亡虽是生命的终结，但也是另一个新生命的开始。当凤凰经历了五百年的大劫、集香木而自焚时，熊熊的烈焰，让垂死的凤凰在火中痛苦而壮烈地焚烧自己，再重生为一只美丽的火凤凰。

重生的上海，虽是花信年华的美妇人，却无时无刻不在变化，真是名副其实的魔都。假如你六个月没来到这座城市，不，只需要三个月，便会觉察出她又变化了，又长高了，又漂亮了许多。变化的不仅是外表,也有内涵。一九九二年邓小平南方谈话后,全世界顶尖的名建筑师、设计师都在为这位女皇装扮、化妆、修剪、缝制美极的衣饰,而金融界、美食家、奢侈品牌也纷纷赶来,想得到这位贵妇的青睐。

这位天之娇女,虽有些娇宠,有些任性,但还是循规蹈矩地遵从长辈的安排,在既定的轨道上成长。更重要的是这位出自名门的闺秀,早年即有东方巴黎之称的美誉,骨子里含有贵族的骄傲,不仅表现在没有被自焚的香火所燃烧毁灭的建筑上,更深藏于上海人的骨子里。

如果说上海是东方的明珠,那么这串明珠是由水晶玻璃串成的,林立的玻璃大厦,争奇斗艳的外表,也尽量显现出娇柔的内在。

谭湘生独自坐在东方明珠的旋转餐厅中,微微佝偻的身子,花白稀疏的头发,更显露出落寞的模样。他看着窗外缓缓变动的上海夜景,竟生出莫名的感慨。

第一次到上海来是一九八四年,浦东还没开发开放,民间还流行着"宁要浦西一张床,不要浦东一间房",但随后推进的改革开放,给浦东带来了新面貌,那时第一条过江的延安隧道正在建筑中,新建的宾馆只有锦江。

当时住在国际饭店的客房中,从窗子看出去,盖高楼的大吊车没有几架,与北京常见的几十架不能同日而语。友人的说法是上海是个乖孩子,尽管每年上缴中央财政的税收有许多,但留给自己的钱却少之又少,特别顾全大局。不过最近的二十年变化,上海恰似浴火重生的凤凰,显得格外耀眼,甚至令世界为之惊叹。

餐厅开始收拾,准备迎接下一轮客人。湘生看看表,已是九点,想着雅芳肯定不会应约前来,心中不免有几分失望,也有些酸楚。他一边起身,迟疑地移动着步子,一边还是围绕餐厅走了一圈,张望着,盼望奇迹的出现。

离开餐厅,又仔细地观看在餐厅外面等候的人群及在观景层里的游客,仍不见雅芳的身影,他只有怏怏离去。

前天在淮海路上,他竟不期而遇地见到了雅芳。雅芳穿着时尚,四十多的人,看起来只有三十出头的样子,湘生几乎没认出她来。就在即将擦肩而过的瞬间,两人都迟疑地停顿了一下,雅芳转过头,本想走开,却被湘生一声"雅芳"叫住了。

雅芳激动的表情立刻被故意装出来的冷漠掩盖,她淡淡地说了声:"湘生,是你啊,真没想到还能碰到,而且是在这里。"

湘生显然被这淡漠的气氛愣住了,嘴里嗯啊两下,却没发出声来。他上前的步伐与伸出的双手又缩了回来,最后问了句:"你还好吧?"

雅芳稍动了动嘴角,说道:"我挺好的,你呢?"

湘生被动地应声道:"我还好!"又想了想,接着问道:"我写过信给你,这次来,也到你住的地方找过你,但房子已经拆迁,你现在住哪里?"

雅芳看着眼前的这个男人,这个耽误自己二十年青春的男人,牛仔裤,运动衫,棒球帽,使他看起来不像是年届六十的老人,二十年，是应该六十多了。他的身材比以前胖些，萎缩点，微弓的腰背，脸上的轮廓依稀是旧时的模样，不过脸颊上的纹路、球帽下的灰白鬓发，却不由自主地述说着主人曾经历的沧桑岁月，也少了许多当年焕发的锐气。

面对自己爱过、恨过，却已慢慢淡忘的男人，雅芳一下子勾起了所有的回忆，也撩起那早已埋葬的各类复杂情感，但最后剩下的却是一丝丝怜悯。

她嘴里平淡地回道："我现在住浦东，你呢？"没有将地址告诉湘生，却反问一句，把主动权握在自己手中。

湘生忙回道："我现在住在延安西路一六八旅社。这次是参加大学同学毕业四十五周年聚会的，我特地晚几天回洛杉矶，想看看上海，也想找回些回忆。"

找回些回忆，我成为那些少许的回忆？雅芳的怒火又被勾起，没好气地问道："找到回忆了吗？"

湘生体会到了雅芳话语中的不友善，回道："我就是回来找你的！"停顿了一下，想伸出手，又害怕地缩回去，问道："我们可以去喝杯咖啡吗？"

雅芳没有拒绝，湘生小心翼翼地陪在一旁，就在附近的咖啡店坐下。

湘生望着雅芳，这个让人魂牵梦萦、从不曾离开心中那方寸之地的女人，已经从昔日的青涩转变成今日的艳丽。她淡扫的蛾眉，挺直的鼻梁，浅浅粉色的唇红中，露出一排小巧的贝齿。虽仍是淡妆，却透露出一股成熟的魅力。剪裁合身的银灰色套装，配上成套的珍珠项链、耳环、戒指，显现出异常的高雅。

湘生心里五味俱全，翻涌不止。是她，几乎让自己宁愿不顾现实，抛弃一切！也是她，使得自己因此二十年没有再踏上这片土地，如今面对这刻骨铭心的相思，却不知如何启齿。湘生注意到雅芳无名指上没有婚戒，问道："你结婚了吗？"话一出口，他就恨不得打自己的嘴巴。

雅芳也正观察着这笨拙的男人，以前那个意气风发、谈笑自如的谭湘生到哪里去了？怎么会为这样一个人而浪费自己一生中最美好的青春岁月？特别是听到对方的问题，她更没好气地回道："托你的福，我现在还是单身，不过日子过得蛮不错的……你呢，还跟毓晶在一起吗？儿子怎么样？"

湘生低下头，想到毓晶整天坐在牌桌上，对自己颐指气使的神态，不由得打了个寒战，但还是答道："嗯，还是同毓晶在一起。"不过提到儿子时，却透露出父亲的骄傲："不过子如现在是脑神经外科专家。"

"你不错啊，妻贤子孝。"雅芳心里有些不平地揶揄道。

湘生嗅出这话语中的酸味，苦笑了一下："什么妻贤子孝，毓晶成天打牌、唱歌，子如是每年圣诞节见一次，我只能自求多福，过自己日子。"

"什么自己日子？"雅芳追问道。

"早上起来，在小区里散散步，回家后上网，看看时事、养生、评论,反正什么都有,午饭多数去老人公寓陪母亲一起吃,下午睡个午觉,晚上看看电视,日子就这样无所事事地过去了。"湘生的眼睛看着远处,声音是那么落寞而无奈。

雅芳怎么也联想不到这个当年自己为之倾倒的才子,如今成了虚掷年华的老朽,于是问道:"你还写诗吗?"

湘生回道:"诗?离开你以后,我就再没有提过笔了。"

雅芳心里也泛起一阵酸楚,曾经刻骨铭心,曾想生死与共,今日对坐在咖啡厅,却只能淡淡地问一声"你好吗",这就是人生。

雅芳看下手表,说:"我还有事,先走了。你留下旅馆号码给我,我再跟你联络吧。"

湘生拿了张旅馆的名片,写上房间号码交给雅芳,然后问道:"你明天晚上七点有没有空,我在东方明珠旋转餐厅等你。"雅芳看着湘生炽热的眼光,迟疑了一下,回道:"后天吧。"

雅芳招呼服务员要付账单,湘生忙站起身,说道:"没有要你付的理由,我会付的。"

雅芳看了湘生一眼,这么多年,就这点还没变,仍有些大男人主义,不肯让女人付账。湘生说:"要不要我送你?"

雅芳笑笑,说:"不用了,你还是再坐坐,找回些回忆吧!"

湘生注意到雅芳脸上的笑容,是今天第一次笑,听到笑声,好像又回到从前。

2. 如烟旧梦

似曾相识燕归来

时间：二〇〇八及一九八五年的回顾

地点：上海

湘生结完账，咬了下自己的指头，以证明今天不是在做梦。没想会碰到雅芳，这次来沪，曾经到过雅芳的旧址，却不仅找不到人，连楼房都不见。一直听说上海在变化，但没想到变化这么大，当时是想在这茫茫两千三百万的人口中，不知会不会见到雅芳，结果美梦成真！

湘生沿着淮海中路慢慢向西散步。现在的淮海路与以前大不相同，虽然外面看起来，依稀是旧时模样，但经过整旧如新、修旧如旧后，已焕然一新，感觉上截然不同，加上灯火辉煌，就如同整过容的少女,再经过精心化妆,几乎让人认不出来旧时的风貌。

当年同雅芳一起逛过这条街时,总觉得四周灰暗,也许是那时没有灿烂夺目的霓虹灯招牌吧。记忆中的上海妇女用品商店、上海钟表店、麒麟百货商店、培丽土特产商店、新光光学仪器商店、光明邨、正章洗染商店、长春食品商店、沧浪亭、教育书店、东方眼镜店、六一儿童用品商店、红房子、红玫瑰等店家,有的还在,有的已易名,有的就不知所终了。

记得有一次走进第二食品商店,看到定胜糕嘴馋,但湘生没有粮票,不能买。到了晚间,雅芳闻讯后,亲自去排队购买了送到旅馆。撇开钱和粮票不说,单论这番费心费力,已足够湘生至今没法忘记的。

走过公车站时,只见上车的人虽然仍是一拥而上,但想起以前人挤人、连车门都合不上的情景,似乎已大为改进了。

那时每次与雅芳见面,雅芳有时骑自行车,有时也乘公交车。她在路途中所花费的时间与遭受的辛苦,恐怕都是自己难以想象的。雅芳却从没接受过湘生任何物质上的馈赠,而湘生回报雅芳的,除去那段不了情,应该还有无尽的痛苦。

湘生走到常熟路后转弯,经过愚园路,又不自觉地进到镇宁路,见有些老房子还在,临街的门面住宅全改成了商店。原先转角处的早点店也改成了小笼汤包店,应该是不再供应豆浆、饭团、烧饼、油条这四大金刚了,但湘生还是好怀念那时的味道。

以前每次走到这里,雅芳就坚持不要再相送了,现在她家的老房子已经拆迁，今天再走到这儿，颇有桃花不再、人事两非的万千感慨。

这些临街的小店，装修考究，橱窗摆设乃至所卖的衣饰，都赶得上世界潮流，一点不比巴黎、纽约逊色。这才二十年！仅仅二十年前，当时的穿着是那样简朴，那样单调，甚至带些土气，而今村姑已蜕变成出水芙蓉，正气象万千地展示在世人面前。

一家时装小店的售货员年纪很轻，扎着马尾辫，上身是T恤，下穿一条牛仔裤，正与隔壁床上用品店里的大妈售货员用普通话在聊天，听口音，一个是北方人，一个则来自南方，都是外地人。一个小角落里，就呈现出海纳百川、交会融通的气象，这才是上海！

两个外国女人进到这家时装店，年轻女孩用洋泾浜的英文招揽起生意来。湘生听着觉得好笑，以前洋泾浜好像是上海人的专利，现在与国际接轨，小店的员工都能说上几句了。之后那女孩又拿出计算器，双方在上面你来我往地讨价还价。科技的进步，连买卖技巧也同步接轨了。

天似乎说变就变，滴滴答答地飘起雨点。湘生回忆起那天跟雅芳分手，也是这样的天气，所谓"窗外芭蕉窗里人，分明叶上心头滴"，唉，只有怨造化弄人！

同湘生告别后，雅芳不想马上回家，打电话叫司机过两个小时到外滩来。搬到陆家嘴后，因公司就在住处附近，所以很少到浦西来，这次为见一个国外来的客户，才过的江，没想到会遇见湘生。

看着淮海路上衣着鲜艳时尚，熙来攘往的人群，络绎不绝的车流,想起以前和湘生逛街的情景,那时没多少地方可去,经常在这条路上闲荡。当时老百姓住房面积不大,朋友来家中相聚、娱乐总有诸多不便,荡马路就成为小市民休闲、朋友相聚、男女恋爱的主要活动方式之一。

当年路上除了公交车和满大街的自行车,私家车不多,穿着也都是蓝、灰、黑等暗淡的颜色,与现在的五彩缤纷、花枝招展真是不可同日而语。那时没这么多红绿灯,许多重要交通路口都由交警亲自指挥,一到放行时,铺天盖地的自行车便蜂拥着通过,不过现在是看不到那样的盛况了。

雅芳沿着淮海中路转到南京路,再向东往外滩方向去,先看到国际饭店,然后是和平饭店,虽然外观还是一样,但整修后平添了几分高贵气息。记得有一次,湘生提起以前老克勒的跳舞风气,交流协会的人员一起哄,一窝蜂到被誉为上海最浪漫的地方——和平饭店的舞厅坐坐。几位老年爵士乐队的老乐手吹奏起二十世纪三四十年代的流行爵士名曲和中外怀旧金曲,也有些人在小小的舞池跳舞。湘生轻声地问雅芳会不会跳舞,想不想学,雅芳羞红了脸,连忙摇摇头,湘生没有勉强。那时刚开始流行学舞的风气,后来别人来邀湘生跳舞时,他都摇头说不会,就在那里陪雅芳坐了一晚上。

直到后来,雅芳才知道湘生不但会跳舞,而且跳得不错。她问他为什么那天不跳?他说如果他也下场的话,雅芳就会一人坐冷板凳。湘生总是替别人设想,不让别人难堪。

雅芳见时间还早,就往回走,沿着江西中路拐入宁波路,到一

第九章 无可奈何花落去，似曾相识燕归来

些老小区的所在。雅芳几乎可以闻到一股熟悉的味道，吸引着她进入到里面。

沿围墙停放着电瓶车和自行车，往里还有各式汽车。三个老太坐在自家门前，一边择菜，一面聊天，看到雅芳，其中一位抬头问道："侬找啥人呀？"雅芳笑笑，没有答话，转身离去。

其实自己也曾经是他们中的一员，雅芳看到有户人家门开着，窄小的通道中堆满杂物，房中一张八仙桌，一个大衣柜，床旁还有梳妆台，上面摆放着热水瓶、茶杯，墙上挂着几张照片；和自家拆迁的旧房比起来，看起来是那么相似，又那么遥远。当时要搬迁的时候，真舍不得这些邻居，虽然大家共厨房，共浴室，经常有些磕磕碰碰甚至争吵相骂，然而现在想来，在这么窄小的生活空间中，起码人与人之间还是有些牵挂和情分的。

她现在住在陆家嘴的临江大厦，虽然房子宽敞，三面江景，但与邻居却老死不相往来，再也没有了过去浓浓的人情味。

雅芳回到家，打开房门，发现晓丽还没有回家。这孩子，十八九岁的人，成天在外面鬼混，不晓得在搞什么。做母亲的多问问，她就不耐烦，要吵架，弄得母女俩像冤家似的。雅芳今天答应湘生后天跟他会面，只是要不要带晓丽同去，自己还得好好思考。问题还在于这事怎么告诉女儿呢？

雅芳进到卧室，打开珠宝箱，把那块象牙心形微雕拿出来，上面刻的诗，不用放大镜，都可以背出来。

回家／回家

前世今生

前世挥霍了多少你的感情
今生才沦入这刻骨的痛心
前世是否是不染红尘的僧人
今生才无望地被隔离在山门
前世许了多少空虚的誓言
今生才陷入这无边的深渊

前世那么多的孽
今生不可能偿清
只盼前世不曾挥霍
不曾绝情
容我今生守住那唯一的誓言
来生还你一世的情缘

  人真有来生吗？雅芳想起湘生送她这微雕时的情形，这是他已经决定回美国后送她唯一的礼物。那天两人走过好长好长的路，彼此都没开口。湘生递过来一个小盒子给她，里面装的就是这象牙微雕和一张抄录有这首诗的纸条。他一边对着雅芳读这首诗，一边眼角上已淌下泪来。
  湘生说："我们能够见面，就是缘分。也许今后没有再相聚的

第九章　无可奈何花落去，似曾相识燕归来

福分了，但我这辈子只爱过你一人，你是我的唯一。"

两人都知道这一去，再相见已是无期，未来能做的只有祈祷来生。没料到今日仍能重逢，但物是人非，再回头已百年身，可是晓丽呢，该不该让她前去相认？

3. 孽

拣尽寒枝不肯栖　寂寞沙洲冷

时间：二〇〇八年

地点：上海

　　晓丽坐在面馆里，看着对面狼吞虎咽的查理，觉得好笑。昨晚与爱美跑到衡山路酒吧，以前这条街全是高档别墅住宅，幽静得很，现在酒绿灯红，是有名的酒吧一条街，年轻男女尤其是老外，来找刺激的，来寻觅临时性伴侣的，都喜欢在这里厮混。

　　昨晚就在这里，有两个老外前来搭讪，然后如此这般，晓丽就捡来了查理，或者是被他捡去了。查理是英国人，来上海才三个月，在一家外教中心教课，混混日子。以前来上海的外国人少，稀罕，现在全世界的人都往中国跑，如果查理没有一张外国面孔，教外语的活恐怕都轮不到他。

晓丽不敢把查理带回家,就去他现住的公寓里过夜,结果四间房里,四对不同男女分别寻欢作乐,今晨又各自分道扬镳,结束一夜情。查理感觉肚子饿了,晓丽就带他来这里吃饭,还自掏腰包帮他付账,想想真不值。

这条街原来也是法租界的地段,这是在上海开埠的初期。这些欧洲移民是罪犯也好,是无路可走也好,是冒险家也好,大都离乡背井地来到上海,在上海发迹乃至发财,于是在此地置业盖房,那些中国人的买办,就住进对面的新里弄房。

当时这些老外飞扬跋扈,唯我独尊,视国人如草芥,如今斗转星移,又涌入大量老外到中国来讨生活,尽管大部分对中华文化是景仰的,对国人是友善的,但还有部分洋人拿着这些过时的优越感来到中国,偏偏有些崇洋媚外的国人又捧着这些二货当宝,实在不可理喻。

这家店也卖早点,有人拿着锅子、杯子、塑料容器来买豆浆,再装些大饼、油条、饭团等,就是一家人的早点了。服务员端着豆浆到隔壁桌上,大拇指都沾在豆浆上了,端的人没注意,吃的人也不在意。也难怪,服务员像走马灯似的,三天两头在换人。类似的活待遇低,工作苦,本地人都不干,只有新来的外地人把这里当临时落脚处,过渡一下。

改革开放以后,上海的经济发展一日千里,好像吸铁石似的,把邻近省份的劳动力都吸引过来。久而久之,上海人总怪外地人把城市搞脏、搞乱、搞得不守规矩了，但上海两千三百万居民中，这八百万外来人口对本地的贡献，恐怕要大于其人口所占的比例吧？

其实早些年，大家都在争生存环境，没有外地人，也是这样子，油腻腻的桌子，湿漉漉、黏答答的洋灰地，与从前没什么区别。

晓丽今天又回到了那个好不容易挣脱、却又不时回想的环境，最怀念的还是这些小吃。

和查理分别后，晓丽才慢慢地踱步回家，发现母亲正坐在客厅里，明显是在等自己回来。晓丽怕母亲唠叨，点点头，算是打过招呼，就想溜之大吉，不料被母亲叫住。

雅芳说："晓丽，你过来，我有话同你讲。"晓丽惊讶于母亲的和颜悦色，可又感到严肃的气息。

晓丽依言走到雅芳面前坐下，问道："妈，什么事？"

雅芳欲言又止，过了会儿才说道："我前天遇见你爸爸了！"

晓丽一时没反应过来，问道："你遇到谁的爸爸了？"

雅芳这次是一字一字地说："你的爸爸，晓丽，你的爸爸！"

晓丽只觉得天旋地转，好像世界都要颠覆了。她坐在沙发上，半晌发不出声音来，最后气若游丝地问道："我有爸爸……他没死？"

雅芳看到晓丽如此反应，有些心痛，连忙解释道："这事怪我，没告诉你真相，因为他一直在美国。"

晓丽忽然有些歇斯底里："可是他应该回来看看我们啊！你是他爱人，我是他女儿啊！"

雅芳站起来，到晓丽面前，然后弯下身来拥抱着女儿说道："他有他的苦衷，我不怪他。"

晓丽哭喊道："你可以不怪他，我是他女儿，这么多年，他为什么对我不闻不问？"

雅芳痛苦地告诉晓丽道："因为他从来不晓得有你这么个女儿。"

晓丽推开母亲，冷冷地说道："他从来不知道有我，你为什么不告诉他？你让我成为一个没有父亲的孩子……"

雅芳也泪眼汪汪起来："当时的环境不允许，他甚至没有机会和我道别就回美国了，我只能说这是时代的悲剧！"

晓丽尖锐地问母亲："那么现在都过去十九年了，他为什么还要回来？"

雅芳解释道："他到现在还不知道有你。前天我在淮海路与他不期而遇，约好今天见面，我想让你跟我一起去。"

晓丽断然地拒绝道："我不去！既然他从来不知道有我，我又何必去？你跟他旧情未了，你自己去就好。"

雅芳黯然神伤："都十九年了，还有什么余情未了，但他总归是你父亲，我希望你能见他一面。"

"不，我不去！"晓丽一边喊叫着，一边夺门而出。

4. 父与女

绕树三匝　何枝可依

时间：二〇〇八年

地点：上海

晓丽头上的马尾辫，伴随着快速的步伐，左右摇摆着，跳跃着，其俏丽的脸庞与雅芳年轻时十分相似。她额头上散发出的几颗微小的汗珠，是因为刚才与母亲的争吵。她快步穿过社区的庭院，想逃离这一环境。其实上海高档住宅的庭园设计都不错，小桥流水，亭阁楼台，奇花异卉，白天看可谓美不胜收，但晓丽现在没有欣赏这些景色的心情。

晓丽还是怀念童年在乡下的日子，那时住在太外婆家，周围有花草，有稻田，有果树，还有在春季时漫山遍野的油菜花，视野开阔而又赏心悦目。特别是太外婆家旁边有条长长的小溪，她总喜欢和同年龄的玩伴们在溪旁追逐嬉戏，常常不小心把衣服或鞋子都弄湿了，又迎着阳光努力晒干。那时候她也喜欢在山野里捡拾各种漂亮的小石头，收集起来，尤其是白色的，可惜后来搬回城里时，全都丢了。

晓丽好怀念那段时光，妈妈、外公和外婆每个月都至少会来看望自己一次，有时他们一起来，有时分别来。每次来时，他们都带来好多东西，吃的，穿的，可惜每次来也匆匆，去也匆匆，除非适逢节日长假，一般只住一个晚上便离开了。

现在晓丽最想念的是太外婆，可惜前几年老人家已离世。

晓丽八岁那年，生了场大病，乡下的医疗条件不好，雅芳只得将女儿接回到上海上学。

由于从小不见父亲，母亲又忙于做生意，晓丽到上海后老被别的孩子欺凌，连可以哭诉的人都没有。好在外公、外婆时常护着自己，每当她问起父亲的事，二老都说死了，可清明节时，母亲又从没带她去过父亲的坟地。

有时，也会听到些冷言冷语，令她费劲地猜测着自己的身世。记得有一次，住在对面的小宝和他的一帮小伙伴，嘲笑晓丽是私生女，来路不正，气得晓丽拿起石头就想掷过去，却反而引得他们哈哈大笑。

那时小宝的父亲正干着倒爷的营生，号称下海。他先是跑广东，弄些衣服、太阳镜什么的在华亭路贩卖；后来又倒电子表、录音机；

再后来干脆倒起了批文,什么橡胶、钢筋、水泥,反正什么来钱倒什么,神气得很,完全不把左邻右舍放在眼里。前一阵见到小宝,居然也成了一家民企的老总,他父亲是董事长,可见,有时坏人也能出头的。

晓丽想,若论做生意,妈妈也不差呀,只不过她可不是靠找关系、走后门,而是凭着自己的外文功底及与外界的广泛联系,才成为两家建材外商的代理。随着上海城市的跳跃式发展,母亲的生意也越做越大,房子也越住越宽敞,可跟自己相处的时间却越来越少。

本来外公外婆一直劝母亲再嫁,母亲不愿意,尽管追她的人不少。母亲就是因为以前的老房子人多嘴杂,四周邻里没别的事情做,就喜欢东家长、西家短地搬弄是非,所以才下决心买了新房,搬离了那里。可后来的新家是非是少了,隔壁人家相邻了好几年,甚至连姓甚名谁都不知道,也懒得打听,人与人的距离由此拉大。

晓丽的学习成绩不是太好,考运却一直不错,重点小学、重点中学,甚至大学也进入母亲的母校——复旦大学,但读了一学期后,她就不想继续了,休学在家,也搞不清是什么原因。母亲本想培养女儿接自己班的,但女儿毫无兴趣,日子竟这样混过去了。

雅芳对女儿也有愧疚感,所以在物质上尽量满足,女儿便没有读书和工作的急迫感了。

晓丽走在滨江大道上,前方有个小女孩在跟她父亲玩捉迷藏。小女孩有一张胖嘟嘟的小脸,笑容灿烂,看过去真可爱。小女孩的爸爸不是假装找不着女儿,就是故意让女儿找到自己,两个人跑来跑去，玩得好疯。

晓丽从小到大，从没有过类似的福分，因此每当看到别人的父亲时，就特别心酸，连小宝的那种倒爷父亲，她都会羡慕。想到这里，她的眼眶不觉润湿起来，刚才与母亲的争执，竟是为了那个从未谋面的父亲。他真的很想见自己吗？既然都隐匿了那么多年，那他此时的突然出现又有何意义呢？

雅芳远远地走在晓丽的后面，知道这突来其来的消息会让女儿一时无法接受，怕她再出什么意外，便一路尾随。她留意到女儿对那对捉迷藏的父女关注，忽然想起女儿小时候，老追着自己要爸爸的场景。那时真想为女儿随便找个男人嫁了，可惜曾经沧海难为水，除却巫山不是云，心里老抹不去湘生的影子；后来日子一长，单身也就习惯了，加之经济条件优渥，便更不会去想婚姻这档子事儿了。只是目睹女儿现在这副模样，真不知当年决定是对还是错！

晓丽突然觉得腿上的肌肉在痉挛，连忙俯下身去按摩，却又惹得一阵头晕，两眼发黑，就什么事都不知晓了。周围的人惊呼着，却没人敢扶她一把。雅芳闻声忙跑过去，一看昏迷在地上的居然是女儿，于是赶紧拨打120急救电话，将她送到了瑞金医院的急诊室。

第十章

还君明珠双泪垂

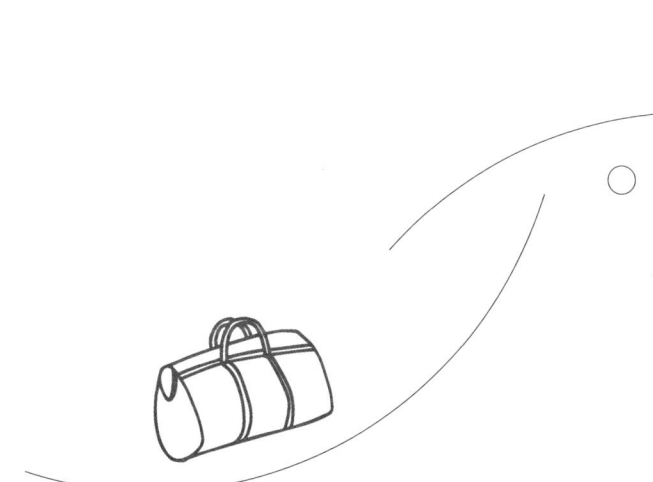

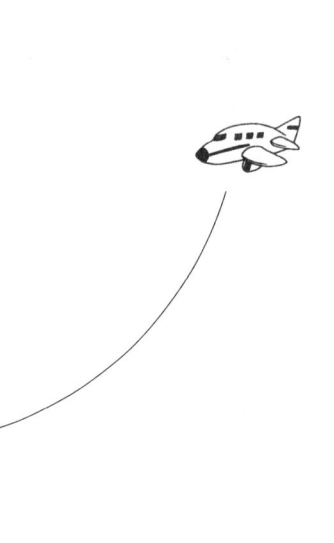

1. 祸福相倚

但愿人长久

时间：二〇〇八年

地点：上海医院

湘生回到旅馆，已近午夜，忽然接总台通知，说是有位女士曾不停地打电话过来找他，因为一时联系不上，最后只得留下姓名林雅芳和手机号码，嘱他知晓后尽快赶到瑞金医院急诊处。

湘生不禁愣住了，良久未反应过来。不是两天前才分别，这会儿会有什么事急着要找他呢？尽管雅芳留个手机号码，但湘生没手机，借旅馆的电话拨打过去两次，都是占线。他没心思再等了，慌忙坐出租车赶过去。到了瑞金医院急诊处，只见到处是病人及陪护的家属，湘生正左顾右盼，这边雅芳已丢下交涉中的护士，拉住了他。湘生回头见雅芳好好的，至少无明显大碍，这才松了口气。

"谢天谢地，你可把我吓死了！"湘生扶着墙，喘息道。

雅芳焦急地说："我是没事，是你女儿有事，更严重！"

湘生没听懂，又怀疑是自己听错了，一脸疑惑地问道："我女儿？"

"没错，是你的女儿，当年你临走前留下的！"

湘生在震惊中终于想明白，一时间不知该喜还是该忧。可不管怎么说，这么多年来，雅芳独自带上女儿，该吃了多少苦，受了多少委屈啊！湘生走上前去，真想把雅芳拥入怀中，以表达他心中由衷的歉意。然而，严酷的现实又好像震醒了他，停顿了会儿，他伸出的手又落下，嘴里说着："对不起！是我当年一时糊涂，让你……"

"算了，都过去了，还是不提往事的好。"雅芳打断了湘生的话，她现在将他突然请来，绝非想听他几句忏悔。

"对了，雅芳，我女儿现在哪里？她怎么样了？"

"她先前晕倒在外面，经急救后醒过来了，现在医生正做检查，想看看是什么原因。"雅芳注意到湘生寻觅的眼光，接着解释道，"急诊处没有病床，病人都安排在走廊边，所以我刚才已要求院方让她入住到特护病房里，尽管费用是贵了许多。"

"没事，不管花多少钱，我来支付。"

"眼下不是钱不钱的问题，这也并非我要你过来的原因。"

"我知道。孩子拖累了你这么多年，后面的责任是应该我来承担了……"

两人边说，边急着走进晓丽的病房。躺在病床上的晓丽看到雅芳，似乎忘记刚与母亲争执过的事实，露出了开心的笑容："妈，我没什么要紧的，现在可以出院了。"

雅芳上前握住女儿的手，说道："不行，得等医生做完检查，看到报告后，才能决定你能不能出院。"

晓丽苦笑着，见到母亲身后还另有其人，便问："这位是……"

"晓丽，这是你爸，谭湘生，我昨夜和你提起过的。"

"我……真的有父亲？你没骗我？"

"是的，妈怎么可能骗你呢？"

"那他为什么才出现？"

"晓丽，你爸有难处，别怨他。"

"不，我已经长大了，习惯了没有父亲的生活……"

湘生在一旁默默地听着母女俩的对话，忍不住眼眶湿润，眼泪都快涌出来了。他趴到床边，握住晓丽的手，羞愧地说道："晓丽，我对不起你！"

晓丽打量着眼前这个老头，怎么都很难和自己联想在一起，尤其是见到对方的泪眼，忙把手抽回，转头朝里，不再理会。

这时，医生进来了，问谁是病人的家属。雅芳和湘生不约而同地站起来。医生说："请两位跟我到办公室去一趟。"

到了办公室，医生直截了当地介绍道："病人的情况比较特殊，我们检查下来的结果是她的脑部有个肿瘤，不过目前是良性或者恶性还不知道，但一定要马上手术，不宜再耽搁了。"

"不能药物控制吗？"雅芳焦急地问道。

医生摇头道："关键问题还不在这里，而是这个肿瘤紧贴在脑神经上，生长非常快，一是目前缺乏有疗效的药物治疗手段，二是在万不得已的情况下，采用手术治疗的风险也相当大，譬如稍有偏差，就会引发多种后果。"

湘生连忙恳求道："医生，请你多帮忙，一定要把我女儿治好，钱不是问题！"

医生说："现在说的不是钱的问题。钱只有在病情能够医治，至少可以控制的情况下，才会有作用。"

"可我女儿还年轻呀！"雅芳插道。

"是啊，正因为这样，我们也很着急，想尽一切可能先确诊病因，然后实施治疗。"

雅芳和湘生听完这话，心里都凉了半截。"那么撇开我女儿究竟得了什么病不说，单就手术而言，其成功的概率大概是多少？"湘生问。

"如果是我亲自主刀，应该在百分之三十以上，"方医生想了想，说，"我以前在美国斯坦福医学中心时，我的指导老师是谭医生，他的手术成功率大体能在百分之五十以上。"

湘生追问道："你是说查理斯谭？"

方医生惊讶地反问道："你认识他？"然后又加了一句，"不过他可不会为一个病人到上海来的。"

湘生没有理会雅芳询问的眼光，仍然对着医生询问："或许我可以试一试的，但如果我把谭医生请来了，你会让他主刀吗？"

医生犹疑了一下，沉吟道："按照现行规定，他不具备中国行医的执照，是不允许直接上手术台的，但他又是国际知名专家，我们或许可以采用教学交流的名义，请他做示范，反正我愿意担负这方面的责任。"

出了医生办公室，雅芳满脸疑惑。然而没等她开口，湘生就说："谭医生其实是我的儿子，谭子如。"

"这是真的吗？"雅芳问，"这是不是意味着晓丽有救了？"

"我会尽全力的。"

"对，再怎么说，他俩终归是兄妹啊。"

经过频繁的电话联系及留言，湘生等待了近三个小时，终于等来了子如的回电。子如的第一句话就是："Daddy，什么事这么急？你快点说，我还有几个病人等着看呢。"

"子如，爸求你一件事，我要请你看一个病人。"湘生急促地说。

隔岸的子如好像松了口气："这没问题，你把患者的名字给我，我先让护士处理。"原来，子如病人特别多，眼下已不太可能接受新的病人。

湘生赶紧解释道："不是的，这个病人在上海，你需要到上海来为她动手术。"

电话那头，子如的声音忽然大起来："Daddy，你是想让我回绝这边的所有病患，去上海吗？不，我做不到。其实上海也有很好的医生，譬如有位姓方的医生就不错，水准相当高，我可以把他介绍给你的。"

"就是方医生推荐了你,他没有把握!"

"谢谢他的好意,但这是不可能的,或者你让病患来旧金山吧。"

湘生本想再劝说劝说,但转念一想,如能让晓丽去美国也好,这样在麻醉及各种手术配套上会更完善。

听了湘生的提议,雅芳的第一反应是犹豫,不过随后想想,也许这可能是最好的解决方案了。她后来还征求了方医生的意见。方医生也觉得只要谭医生肯接收晓丽,未来的情况至少会乐观一些。

方医生听说谭医生肯接受晓丽这个病人,颇为惊讶;对晓丽能否坐飞机长途跋涉,虽略有担心,不过比起留在上海的风险,反而相对小而又小。晓丽的病只要不发作,是不会立刻致命的,于是方医生开些药,以防万一。

晓丽听到医生叫雅芳和湘生离去时,虽然是侧着头,但脚步声仍然敲打在心头。以后几天中,妈妈总是陪伴在床旁,但只要湘生一进房内,晓丽就会转过头去,不愿搭理。

经过几次后,除非是买来食物、饮料或是医生巡房,湘生就会识相地待在房间外面,不去打扰晓丽。雅芳也想解开晓丽的心结,但只要一提到湘生,晓丽便掩起耳朵,急躁地叫道:"我不要!我不要听!"

为了让晓丽赴美就医,湘生与美国大使馆进行了商议,得知须由医院出具医疗证明,另外递交一份晓丽与湘生的DNA检测报告,以证明两者的亲子关系,而后才能以特事特办的方式,替晓丽拿到签证。

第十章　还君明珠双泪垂

当湘生与方医生在病房门外讨论DNA报告时，晓丽只听到"DNA"几个字，以为湘生是在验证她的身份，心里更是反感。

住了五天医院，等一切手续完备，这才告诉晓丽，说是要直接去机场赴美就医。晓丽以为是开玩笑，直到雅芳再次确认时，她才将信将疑地接受这一事实。但等湘生过来想搀扶她，晓丽突然起身打了湘生一记耳光，并叫喊道："不要碰我！"

这一举动震惊了所有人，雅芳冲上前，本要举手打晓丽的，而晓丽也扬起头来，准备接受这一击，湘生却阻拦道："没关系，别怪晓丽。"

雅芳将手收回，痛苦地冲女儿说道："你怎么可以打你的爸爸！"

"他是我爸爸吗？二十年不闻不问，还要查我的DNA！"晓丽仍喊叫道。

雅芳知道是晓丽误会了，赶紧解释道："你错了，使馆证明你们的亲子关系，是为你办签证用。"

晓丽尽管明知错怪了湘生，但还是倔强地不愿认错，湘生也默默地退后，让雅芳独自照顾晓丽。

接着是如何做通晓丽的工作，让她同意去美国治疗。出乎预料的是晓丽并不排斥，原因在于雅芳只是装作轻松地对女儿说，想带她去大洋彼岸玩几天，顺便再到那里的医院做进一步的检查，这叫双保险。"其实你没什么事，可妈就是不放心，因为你是我唯一的宝贝。"雅芳末了说道。

"是啊，我能有什么事呢？都是你太紧张了，完全没有必要。"

晓丽好似恢复了往日的调皮,或许,她是真的向往去美国周游一下,"对了,听说那里有好莱坞、迪士尼呢。"

"这次我们主要去旧金山,可能去不了洛杉矶。"

"为什么?我想去看看嘛。"

"因为这次的行程是你爸安排的,我们人生地不熟,得听他的。"

"你是说那个谭湘生吗?"

"他是你爸。"

"不,他就是谭湘生。我不去美国了,因为我根本不想通过DNA证明是他女儿,才有资格得到他的施舍。这对你和我,都是一种侮辱!"晓丽后来见到母亲,明白无误地说出了自己的愤怒。

雅芳说:"你误会了,DNA报告只是因美国大使馆的签证要求而做的,你爸没别的意思。"

"那好吧,反正在我眼里,他只是谭湘生,或许和你有关系,和我则一点关系都没有!"

"只要你能成行,随你怎么定位你爸都行。"

湘生也劝雅芳道:"算了,现在为女儿治病是头等大事,何况她一出生就没有父亲,即使永远不认我,都是正常的。"

雅芳只有叹息,不知道说什么好。

飞机是直飞旧金山机场的。办完入关手续后,湘生的老友魏先生接机,原因是魏家邻近斯坦福医学中心,而老魏的太太目前在台湾照顾父亲,儿子又在外地读书,家里只有他一人,这样雅芳可在魏家暂住,方便就近探视晓丽。

2. 医

几番风雨春又归

时间：二〇〇八年

地点：旧金山医院

    如果去美国旅游，只能选择两个城市游览的话，那一定是最具有特色的纽约和旧金山了。旧金山位于美国地震带中心，除去高低起伏的城市景观，优美的风景、四季如春的气候，也是吸引全球游客和移民来此的重要原因。作为科技先进城市，这里还孕育出互联网、电子业最领先的企业，并容纳了这些领域里的顶尖专家；同时，旧金山也是美国最开放和浪漫的所在，居民们对个人的隐私和性取向最具包容性。

    之前，湘生通过越洋电话只是简单告诉老魏，说是有朋友要到斯坦福中心就医,请安排她们暂住几天。老魏接机后,一看这阵势,心里有些明白了,等安顿好雅芳母女后,他把湘生扯到室外的院子里,好奇而又严肃地问:"她们两位和你的关系不一般吧?"

湘生侧过脸,往房间内看了眼。"年轻的是我女儿。"他轻描淡写地答道,并未直接介绍雅芳的身份。

老魏面露忧色道:"毓晶知道吗?如果被她知道了,岂不要吵翻天!"

湘生苦笑道:"顾及不了那么多了,毕竟救人要紧啊!"

第二天,子如见父亲陪着两个女人现身诊所,也觉得有些奇怪:什么人能让父亲中断旅行,不远千里地专程从上海护送到美国来就医?难道真是妈妈所说的狐狸精?想到这里,他不由自主地仔细打量起雅芳来:容颜姣好,风姿绰约,尽管还不能断定对方的实际年龄,但从她一举手、一投足的仪态来看,绝对显得大方得体,富有活力。如果这就是狐狸精,那父亲的眼光真是高人一等!

雅芳发现子如正注视着自己和晓丽,颇有些不自在,于是将晓丽的病历资料通通拿出来,交给子如。子如随手翻了翻,面色沉重起来,心想,怪不得她们要远渡重洋,到这里来看病。"事不宜迟,我现在就安排病患住院检查。"他说。

子如从病历上看到晓丽姓张,不禁松了口气,觉得自己太多虑了,又随口问道:"张小姐的父亲没来?"

"他已过世了。"没等雅芳开口,晓丽抢答道。

子如听罢,笑了笑,对雅芳说:"那行,护士会安排好一切的。"

第十章　还君明珠双泪垂

当晚,湘生在医院附近的中餐馆为雅芳设宴洗尘,子如和老魏作陪,晓丽因住院而无法参加。这家餐厅号称是上海菜系的,其实像大多数馆子一样,都是南北和。湘生点菜还是油焖笋尖、烤麸、熏鱼等凉菜,外加红烧肉、清蒸鱼、宫爆鸡丁、炒时蔬四个热菜。雅芳看到这菜单,心知肚明,也挺感慨,她拿起酒杯,先敬了主人:"客套话我就不说了,谢谢你!"

湘生回道:"不客气,这是我应该做的。"

两人又意味深长地互视了一眼。

子如举杯说:"林阿姨,我看了晓丽的病历,虽说没有百分百的把握,但康复的希望还是存在的,你千万别太忧心。"

"谭医生,拜托你了,相信晓丽会平安无事的。"雅芳说。

最后雅芳又谢了老魏。老魏说:"我跟湘生是一起穿开裆裤长大的兄弟,他的事就是我的事,他的朋友就是我的朋友。大嫂,你就在这里安心地住下吧。"

好一声大嫂,言者无心,听者有意,饭桌上各人有各人的心思,雅芳的脸瞬间涨得通红。

席间,湘生显得谈笑风生。老魏笑道:"我们以前的才子又回来了!子如,从前你爸爸是出了名的风趣诙谐,吃饭时只要有你爸爸在场,绝无冷场!"

子如也明显察觉到父亲今日的变化,心想,难道这些年来,他一直压抑着自己而成为了另一个人?子如突然对父亲生出了些许同情心,他跟母亲真的一点感情都没有了?既然如此,又何必勉强在一起呢?

老魏又开了瓶白酒,对子如说:"你爸喝酒还是我教的呢。那时我们在台南读大学,平时伙食就是一片水煮肥肉搭两片水煮蔬菜,如果家境较好,再加猪油拌饭,就算是加菜了。家里生活费寄到时,常常先去面馆吃碗阳春面。不过生活再苦,烟钱是绝不能省的,一块钱买四根新乐园或者五根老乐园,烟屁股还收集起来再做卷烟抽呢。"

老魏一经回忆起几十年前的往事,就有些刹不了车了,神情中透着愉悦和感伤,还有些许无奈。"我的家境还好,所以我喜欢喝点小酒,叫些花生米、豆腐干之类的佐酒。那时让湘生你陪我喝点,你才开始喝酒,可惜到现在还是不行,这是天性,没法改的。湘生你就是胆子小,做什么事都喜欢畏首畏尾!"他接着又说。

湘生担心老魏越说越不像话,生怕他说漏嘴,连忙打断道:"老魏,你今天喝酒了,不能开车,幸亏我不会喝酒,还可以送你回家。"

散席后,子如目睹他们三人离去,父亲腰似乎比以往直了,胸也似乎比以往挺了,神情中暗含着一种不一样的东西,特别是他替雅芳开车门、关车门的动作,是那么自然而得体,难道他俩真有什么故事?

翌日一清早,雅芳和湘生又坐到子如的办公室里。子如说:"从最新的检查报告来看,肿瘤的位置比预想中的要好,已排定明天上午手术,成功的希望还是很大的。"雅芳和湘生都松了口气。

"当然,手术的费用很高,而病患又没有医药保险,不过我们

第十章 还君明珠双泪垂

会先手术,费用等结账时再说吧。"子如继续往下说。

雅芳正要开口,湘生抢先对子如说:"费用不用担心,你只要尽全力做好手术就行了!"

在美国的医院,对急诊病人是先施救,不论有钱没钱或有无保险,病是一定要先诊治的。

晓丽躺在病床上,头发已经被剃得精光。雅芳坐在床边,握着晓丽的手,湘生则坐在病房一侧的沙发上,注视着晓丽,想过来却又不敢过来。

这时,子如带着护士走进来,冲晓丽笑道:"晓丽,即使没有头发,你还是很漂亮,你放心,一切都会安好,你秀发很快就会长回来的。"

晓丽点点头,对眼前这位将要对自己主刀的医生产生了莫名的亲近与信任感。

尽管没人告诉过自己真实病情,但是从进入诊所做了各项检查后,一直没让她出去,她就已明白了情况可能不妙。她再没心没肺,也知道这个时候唯有配合医生进行治疗,才能让母亲得到安慰。她在心里暗暗祈祷,并且尽量不在面上流露出自己的焦虑。临进手术室之前,她拉着母亲的手说:"妈妈,别担心,我不过是去里面逛一下。等出来后,你可是还得让我去看一下洛杉矶的哦。"

"嗯,一定。"面对女儿的笑容,雅芳强忍住眼泪,点了点头。

湘生也在一旁接道:"到时我来当司机兼向导,陪你们去。"

"算了吧,我们租辆车,妈妈自己能驾驶。我们得把方向盘掌握在自己手里。"晓丽仍不以为然,一语双关地说。

整个下午,雅芳、湘生及老魏都在手术室外的家属等候区内焦急地等待着。湘生坐会儿,又起身来回踱步,并且隔不多久便看一次表;雅芳则面色惨白,双眉紧皱,时而仰头向上,时而低头苦思,双手合十做祷告状。

眼看天都快暗下来了,这时,子如总算从手术室里出来,雅芳和湘生慌忙迎上前去,不约而同地问道:"怎么样?晓丽的情况怎么样了?"

子如摘下口罩,一脸疲惫,却露出欣慰的笑容,道:"手术还算成功,不过晓丽还需要在加护病房里做四十八小时的观察。"

雅芳握紧子如的手,连声道谢:"辛苦你了,真不知道怎么表达我的感谢!"

湘生对雅芳说:"都是自己人,子如只是尽了医生的责任。"

"倒也是。"子如说,"反正你们今天是见不到晓丽了,不如先回去休息。"

雅芳紧握子如的手,连声说:"谢谢,谢谢!"

雅芳和湘生决定两人轮流回去洗漱再来。湘生将雅芳送回家后,就赶回到加护病房的家属等待室等候。

这时,子如意外地现身,湘生惊奇地问道:"你怎么来了,晓丽的病情有变化吗?"

子如笑笑说:"你非常关心晓丽啊!她跟你到底是什么关系?"

湘生迟疑了一下,回道:"她是雅芳的女儿。"

子如诡异地看了湘生一眼,说道:"呵呵,那你跟林阿姨又是什么关系呢?"

湘生停下来思考,琢磨着怎样回话。子如似乎已经在猜疑自己与雅芳母女的关系,要不要告诉子如呢?最后他鼓起勇气说道:"晓丽是我的女儿,也是你的妹妹。"

子如听到这话,虽在意料之中,却仍有些不知所措:"我妹妹?"

"是的,你妹妹,但我离开上海的时候,并不知道。"湘生回答道,又补充说,"我是这次在路上偶然碰到林阿姨后才知道的,晓丽到现在还不肯认我这个父亲。"

虽然没有提到与雅芳的关系,但湘生已间接承认了婚外情的事实。子如看着父亲,一时情绪复杂。原来从小被毓晶耳提面命,对父亲怀着不信任也不亲近的感情,但成长后,在学校、社会及各方面因素的影响下,他才开始有自己独立思考的能力。见到雅芳及晓丽,再看看湘生与她们在一起的愉悦之情,子如完全颠覆了自己以往对父亲的观感,有些同情起他来。

子如看着湘生,很诚恳地说:"Daddy,你跟林阿姨的事,我不会告诉妈咪,但我也希望你不要令妈咪伤心。至于晓丽,我会像对妹妹一样的,她就是我的妹妹。"

湘生握住子如的双手,哽咽着说:"子如,谢谢你的理解,你能尽心救治晓丽,我已感激不尽,至于你妈咪那里,我是不会离开她的。我虽然很爱林阿姨,但为了她好,等她们回去后,我不会再与她见面的!"

在等候室外站着的是泪流满面的雅芳。

湘生看着坐在对面的雅芳,心里浮起的是剪不断、理还乱的离愁。既然告诉子如不会再见雅芳,不如在晓丽出院前离开吧。承诺是金,但想是这么想,做起来却那么艰难。飞机票已更改三次,明天一早,晓丽就要回上海,而毓晶已经打过几次电话,问在旧金山有什么事,为什么还不回家。唉,该面对的就面对吧。

雅芳看着湘生六神无主的样子,心里何尝不是万分难过。明知道分离在即,却不愿说破,只想能多留一刻是一刻,多见一面是一面,老魏不在,两人却还是只能面对面地看着。

湘生握住雅芳的手,正想开口,雅芳哽咽着说:"你不要说了,我知道你要走,我们能再见面,就是多出来的福分。何况你终于见到晓丽,又治疗好了她的脑疾,老天对我们够宽厚了!"

湘生再也忍不住地站起来,把雅芳拥入怀中,口中一直重复地说道:"雅芳,我爱你,我对不起你,我对不起你!"眼泪又不由自主地流下来。

雅芳紧紧贴着湘生的脸颊,感觉到湘生的热泪与自己的泪水混合起来,在流动,也渗透入两人相依相偎的面孔里。

3. 弦断音绝

同心而离居　忧伤以终老

时间：二〇〇八年

地点：旧金山

雅芳陪着晓丽去办出院手续时，才知道相关费用都已经有人支付了。付费处的小姐很客气，告诉雅芳说："刚知道你们是谭医生的家人，除谭医生本人不收费之外，诊所也打了折扣，最后是谭医生及他父亲一起结的账，最后还有些零碎的账单，谭医生说他会负责的。"

如同预料的那样，雅芳没再见到湘生，是老魏开的车，来接她们母女离开的诊所。老魏还告知她们，湘生因临时有事，已先行回洛杉矶了。雅芳心知肚明，今生恐怕是再也见不到湘生，心里不免有些酸楚。

原本经过手术和住院,晓丽对父亲的态度略有些改变。不料湘生此番不辞而别,再度引发晓丽心中的怨恨,她对着雅芳说:"妈,随他去吧,别理他!"

雅芳说:"我可以这么说,你却不能。一来毕竟他是你父亲,二来是他和子如尽全力救治了你。"

由于晓丽接受化疗的缘故,因此还需要在旧金山滞留一段时间。雅芳本想搬出去另住,可老魏坚持说没有关系,她也就安心地住下。子如每隔两三天会抽空来老魏家探视,并且告诉晓丽,尽管父亲有急事回洛杉矶了,但凡她有什么需要,尽管开口,就像面对自己的兄长一样。

的确,子如与晓丽很合得来,雅芳看在眼里,心中颇有些欣慰。

湘生则在洛杉矶的家中,面临着毓晶的诘问。原因是在湘生的信用卡上,出现了斯坦福医学中心的巨额账单。湘生想了想,索性坦白地承认又见到雅芳的事实。

湘生:"是的,我是在路上无意中遇见雅芳的。"

毓晶哼了一声,冷笑道:"那你们还真是有缘!"

"你相信也好,不信也罢,反正事实就是这样。"

"所以你们又旧情复燃?"

"我们没有你想象的那么卑鄙。实际上,我们第二次见面就是晓丽发病的时候。"

毓晶被湘生的回答震住了,等她回过神来,不由得叫喊道:"这个晓丽又是谁?"

"是我的女儿。"湘生的脸上显得格外平静。

不料毓晶冲上去,打了湘生两耳光,然后抓住他的衣领使劲摇晃着:"你们还有个女儿?"

湘生任凭毓晶长时间地抓狂,直等到对方抓累了,松开手,才慢慢说道:"我也是这次去上海才知道的,因为她患了脑瘤,在送医院急诊时,雅芳才通知我的。"

"别在我面前提那个女人的名字,我不想听!"毓晶好像没力气再折腾了,她瘫坐在沙发上,问道,"你还带那个孽种到旧金山看病?"

"是的。晓丽病得很严重,上海的方医生正好和子如有过交往,是他推荐的。"

"所以子如是知情的。"

湘生答道:"不错,不过我答应子如了,我不会再见她们母女的。"

毓晶像只斗败的公鸡,完全失去了斗志,只是喃喃自语道:"好啊,你们父子俩联手瞒我一人!"

第十一章

相见不如不见

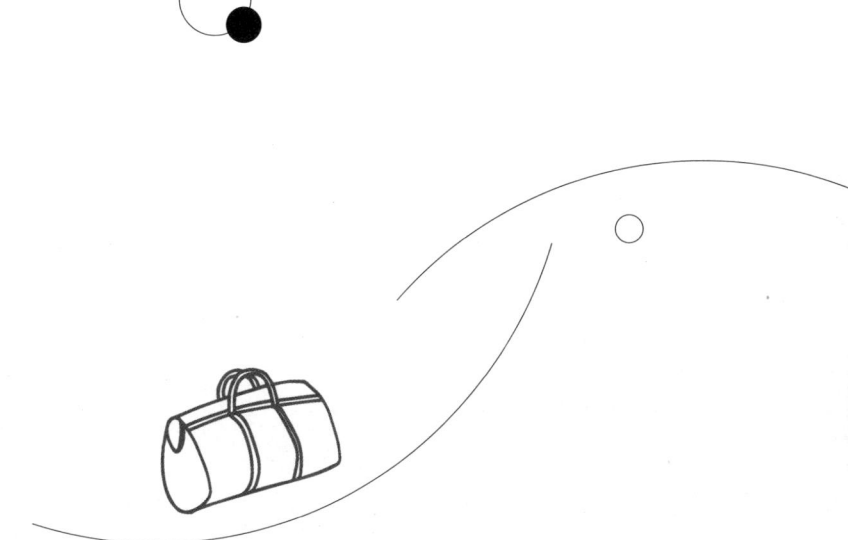

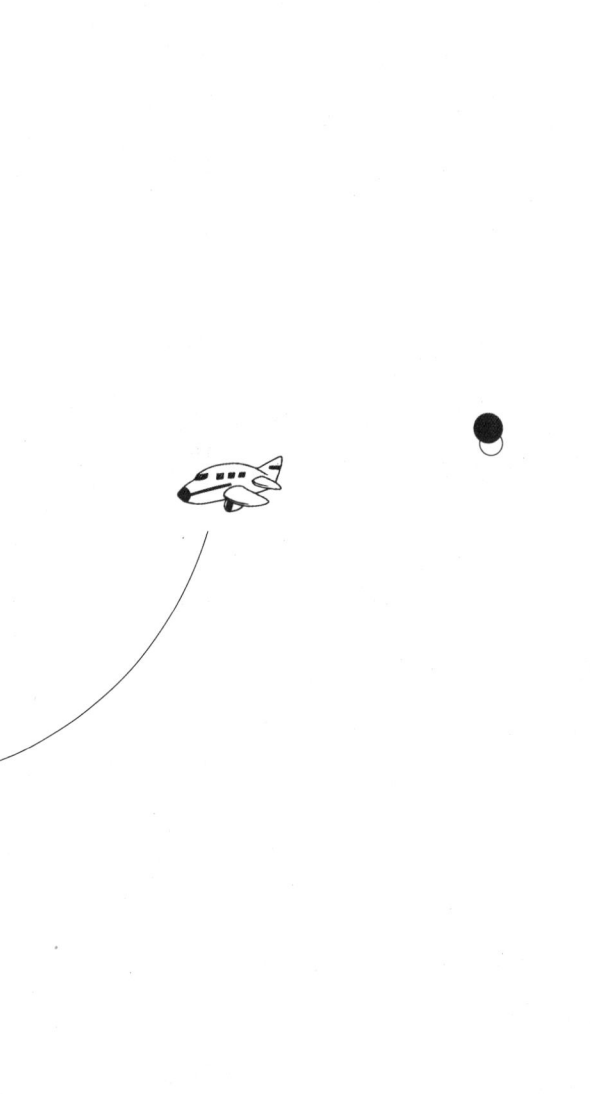

第十一章 相见不如不见

1. 吾生须臾

采之欲遗谁？所思在远道

时间：二〇一五年

地点：洛杉矶

时光流逝，转眼又过去了数年。

湘生坐在医院的长椅上，阳光很灿烂，但感觉却是那样阴暗。他再三阅读着医院的检查报告，回想起刚才医生的谈话："谭先生，你既然强烈要求知道自己的病情，而且做好了充分的心理准备，那我可以告诉你，你得的是胰腺癌。就目前而言，没有什么特效药或者非常有效的手段可以治愈。不过你也别气馁，除了保持乐观情绪和相信医疗奇迹外，尽量利用这段时间，处理好一些未了的事务。"

这位医生是子如的同学，早知道是这样，或许真不该请他看的。

不过，湘生要求对方不要将自己的病情告诉子如。真的，他什么人都不想告诉，就希望自己安安静静地走完人生的最后一段里程。

然而他的手机铃声还是响了起来，是子如。本想不接的，只是又一转念，既然迟早要面对，不如接了吧。"我明天会回家和你谈的，别走开。"子如在电话里说道。

"子如，先别让你妈知道。"湘生刚讲完这句话，子如已挂了。

自从告知毓晶有关晓丽的事后，近几年的家庭生活反而比以前平静了，夫妻双方都刻意回避过去的事情。这似乎应该归功于子如。他在背后曾劝解过毓晶，而毓晶也体会到既往的冷战，除去家庭不睦外，自己一无所获；如今只要不触及这档子事儿，一家人容易和平相处。

子如倒是与雅芳及晓丽常有联系，每次回家或通电话，只要毓晶不在场，他便会将雅芳母女俩的近况告知湘生，包括晓丽又回大学复读，并且毕业后在一家外企工作，而雅芳的生意一直经营得不错，还经常托子如问候自己。但是现在，所有的平静都将打破，是该思考一下余生到底还需要做些什么了。

第二天一早，毓晶外出，直到中午才回家，看上去两眼通红，显然是哭过了。湘生随口问道："怎么啦，哪里不舒服，要不要去看医生？"

几十年的夫妻，直到现在才想起嘘寒问暖，毓晶颇为感慨。她没有答话，眼眶更红了，像是泪水又要淌下来。

湘生由于自己心情沉重，不想节外生枝，也不再追问，只说一

第十一章 相见不如不见

句:"子如今天好像要回家。"

刚说完,门铃响了,子如回来,一进门,湘生招呼道:"吃过中饭没?正好一起吃。"

子如苦笑了一下,说道:"先不急着吃饭,我们三个人先谈谈。"

湘生预感到是要谈自己的病情,本不想让毓晶知道的,看样子是避免不了。

子如面色沉重地说道:"Daddy,昨天下午他们已经把你的病历传给我看,胰腺癌在目前的医学水平来看,还没有什么办法可以治愈,即使用化疗等手段,也不过拖延几个月的生命,现在就看你要怎么打算。"

没等湘生回答,毓晶拿出一个大信封,交给湘生说:"这是我送你的礼物!"一边说,一边眼泪真就淌下来了。

湘生有些云里雾里,心想,在这个节骨眼上,还送什么礼物呀。不过打开一看,他惊呆了,原来是一份离婚协议书,毓晶已先签了名,自己只需要也签个名,协议便正式生效了。

"这份协议书是你三十年前向我索要的,我现在给你,还你自由。"毓晶的语气显得异常平和,还略带几分宽容。

湘生苦笑道:"我不会跟你离婚的!"

"我们纠缠四十几年,现在想来,何苦!"毓晶伤痛的神态中,添加几分苦楚。

湘生将离婚协议书拿起,撕成几片。"我欠你太多,三十年前,你拒绝我,今天我也拒绝你,毓晶,我不会跟你离婚的……我对不起你,也对不起雅芳,更对不起晓丽,因为我一人的过错,害得你们大家受苦,所以我不会和你离婚。"他平静地叙说着,然后转过头去,对着子如说,"但我想再去次湖南,我想请子如陪我同去。"

说到这里,湘生又对毓晶说:"如果你愿意,我们可以一起去。"

毓晶苦笑了一下,说:"这是你婚后第一次邀请我同行,不过有子如陪你,我放心,我就不去了。"

"我还有件事想请你帮个忙。"

"你说,只要我能做的。"

"我想让你陪我去看望一下母亲。老人家已九十五高龄了,眼睛不好,耳又背,其他状况也不是很好,她是真的需要我们去关心。至于我的病情,请别告诉她。"

"嗯,我们明天去看她。"

"对了,要是以后老人家问起我来,你就说我和友人回国去办合资企业了,会在那里待很长时间,请她不要记挂。最好,你还能以我的名义,每个礼拜给她打个电话,问候一下。"

"知道了,放心吧。"

如玉仍住在老人公寓,但每天有钟点工兼护工小许来帮忙照顾她四小时。当如玉见到儿子、儿媳一起出现时,非常高兴,连忙叫小许去切水果。不过由于她的眼力及听力都不行,在湘生及毓晶的大声解说下,总算弄明白儿子要去中国了,会有很长一段时间不能见面。

如玉沉默了好长时间,才将湘生叫到跟前,然后缓慢而仔细地触摸着他的面庞。忽然,她摸到了湘生眼角边挂着的泪水,忙说:"儿子,别不舍,我身体还好得很,会等你回来的。"

虽然子如不清楚父亲欲去湖南的缘由,但现在无论怎么忙,都必须满足他的愿望。于是子如推掉了所有工作,专心地陪同父亲再次返回他梦中的故国。

等湘生一家离开后,如玉终于哭出来:"湘生,你得的什么病啊?竟然要先我而去!你把毓晶、子如叫来,就想瞒我吗?你这么大年纪,现在都什么年代了,竟然不能回来看我,你要去见嘉善了吗?"

2. 再见 再见

相思苦　相逢更苦
时间：二〇一五年
地点：上海

湘生注视着眼前的雅芳，岁月没有在她身上留下任何痕迹，与七年前相较，只是更添了几分成熟和风韵；同样，雅芳看着站在公寓门外的湘生，又是七年未见，对方明显老了，而且更消瘦，更憔悴，为了支撑身体的站立，还手扶墙面，要不是那一声"雅芳，是我，湘生！"几乎都认不出他来。

雅芳仔细看，湘生后面还站个人，是子如。"怎么是你们？什么时候来的？"她连忙问道。

湘生缓慢地答道："我们是下午到的，现住在香格里拉饭店，

第十一章 相见不如不见

办完入住手续后马上过来看你了。"

雅芳又问:"有什么要紧事吗?"

湘生说:"我可以进来说话吗?"

雅芳点头。

于是子如扶着湘生进去,两人在沙发上坐下。等靠得更近时,雅芳越发觉得湘生的状态甚是异常,额头上还冒着虚汗:"你好像很累,是不是哪儿不舒服?"

湘生摇头道:"我没事,休息会儿就会好的。"

雅芳倒了杯水给湘生,自己则坐在对面的椅子上。有那么一刻,她一直在试图寻找湘生往昔的轮廓,然而,呈现在面前的湘生,脸上看不到一丝血色,稀疏的白发,无神的双眼,穿在身上的衣服显得甚是肥大。雅芳不觉眼眶湿润,想说什么,却欲言又止。

湘生露出一丝若有若无的苦笑,用几乎听不清楚的声音说道:"别难过,我真的没什么。我只是胃里有些小毛病,是可以医好的。我这次回来,主要想看看你和晓丽。知道你们都安好,我就放心了。"

湘生刚说完,晓丽也出现在客厅里,她一见是湘生,脸上没有任何表情,转身就想离开。雅芳赶紧叫住女儿:"晓丽,是你父亲!"

"晓丽!"湘生也冲女儿叫道。

晓丽犹豫了一下,只当没听见,却不料被子如前一把拉住:"别走,爸爸有话要说。"

晓丽这才注意到子如的存在,应了声:"谭医生,你也来了。"

"嗯,你还好吗?"子如关切地询问道。

"我还好,谢谢谭医生的救命之恩!"晓丽回道。

"晓丽,你应该叫我哥哥。"子如接道,本来伤感的情绪中,似乎多了几分亲切。

雅芳和晓丽听到这话都呆住了,所有的酸甜苦辣一下子都涌上雅芳的心头。她热泪满眶地上前抱着子如,说道:"谢谢你,子如!"

晓丽更是惊愕得说不出话来,但眼泪却不停地往下流。

晓丽再看着眼前这位衰弱无力的老人,很难想象原来跟自己有那么多牵扯。湘生见晓丽站着,也想站起来,却马上又力不从心地坐下。

雅芳目睹湘生的状况,连忙走到湘生面前,扶住他的手臂,惊呼道:"湘生,你怎么啦?要不要马上送你去医院?"

湘生无力地摇摇头,低语道:"我没什么,我就是想给晓丽一个名分,希望她能原谅我,同时还给她一个清白的身份。"

雅芳迟疑道:"你不是来要跟我求婚的吧?"

湘生的嘴角上露出一丝丝笑意,然后用极其轻微的声音断断续续地说:"当然不是,我已经害你三十年,不能再害你了。我只想请晓丽陪我办件事。"

雅芳说道:"其实晓丽已经不怪你了,而且你在美国大使馆的DNA报告也证明了她的身份。"

雅芳牵着晓丽的手,带她走到湘生跟前。湘生伸出手,却够不着晓丽的手。雅芳将他们两人的手握在一起,晓丽半跪在湘生面前。

湘生含着泪说:"晓丽,爸爸对不起你。希望你能原谅爸爸,爸爸好想再为你多做点事,但已经没有时间,我只希望你一生快乐。"

晓丽只觉得父亲的手好冷,看着他老泪纵横,心里不忍,终于叫了声:"爸爸!"随即趴在他腿上痛哭起来。

良久,湘生说:"晓丽,我想请你和子如陪我去一趟湖南,我想再看一次故乡。"

晓丽不断地点头道:"嗯嗯,我会陪你去的。"

湘生的脸上不禁露出了微笑。

3. 告　别

已知泉路近　欲别故乡难

时间：二〇一五年

地点：湖南

经雅芳安排，第二天清晨，她和湘生、子如、晓丽四人就搭乘飞机，抵达长沙机场。为以防万一，等候在那里的商务车配备了简易急救医械，并立即前往谭家村。

一路上，雅芳不时替湘生调整坐垫，两人尽管没多言语，但从双方眼光中，已能体会出彼此的牵挂。晓丽在后座上，看得十分真切，心里却似五味杂陈，悲悯于母亲一生的遭际。当然，这一刻她已完全原谅了父亲。

省际公路平坦而宽敞，好似一根绵长的带子，系于心里的另一头。湘生想起上一次和雅芳同到谭家村的情形,感觉国内这二十多年的巨大进步,真可以用日新月异来形容,但当时行程的温馨,却已成为永恒的回忆。想到这里,他问雅芳:"你还记得当年我们去谭家村的情形吗?"

"当然记得,那时一路上还走得有点吃力,时间也比现在费得多。"雅芳回道。

湘生静默了片刻,又问:"你知道我为什么要带子如、晓丽去谭家村吗?"

"带他们去祭祖吧,表示我们永远记得自己是来自哪里,要去往何处。"

"是的。我父母这一代人,因为种种的关系,不得不离乡背井,四处流浪,最终落脚于台湾,成为别人眼中的外省人;我这一代人,背负着出生的原罪,找不到可以归属的故里,到任何地方都被视作外人。"

"这已经成为过去了,以后会好起来的。"

湘生摇摇头,继续道:"到了我们的下一代,好像没有上一代的烦恼了,子如是美国人,晓丽是真正的中国人,他们不管在哪里,都不会再贴上种种标签。"

雅芳听出来湘生说话时有些气喘,忙提醒道:"要不你歇会儿,慢慢说吧。"

"不,我不累。"湘生说,然后转头对子如、晓丽道,"这是你们的幸运,或者也是不幸。你们可以丢掉这些标签,但我不希望你们连同祖宗都丢掉了。因此我带你们来寻根，就是为了让你们知道这里才是你父亲的故乡，你们最初的出发地。"

子如接道："放心吧，我来过了，就会有印象。"

晓丽也说："有印象就好，只是不知道下次还会不会来。"

雅芳笑道："现在的年轻人，已习惯把他乡当故乡了，哪有那么多的讲究？重要的在于身居国内的，多做对国家、民族有益的事；漂泊异乡的，也不要忘记自己骨子里是中国人。"

因为湘生每年都有捐赠奖学金给谭家村，所以谭家祖上的坟墓都维护得不错。湘生携子女一路前行，最后跪在父亲的坟前，自语道："父亲大人在上，今天我带着您的孙子、孙女来看您了。这或许是我今生最后一次前来祭拜，望您老人家在天国安好！"

子如跟着说："爷爷，我还会来看您的。"

晓丽说："我也会来的。"

在回长沙的路上，车里弥漫着一种沉重的气氛，湘生突然打破沉寂，说道："子如，请你记住，哪天我走后，骨灰可以随便放在哪里，甚至于不用立什么墓碑。我一辈子四处飘零，其实已经没有故乡了！"

4. 终　点

人生如逆旅　我亦是行人
时间：二〇一五年
地点：上海

　　湘生最终没能回到洛杉矶。他返回上海后，已不能再延续旅程了，又坚持着不肯住医院，也不愿住雅芳家，说是不想给雅芳再添麻烦，于是就在香格里拉酒店订了间可以眺望江景的房间。雅芳知道这就是湘生，永远都替别人考虑。
　　子如仍住在湘生的房中，以便就近照顾，同时还通知了毓晶，希望她尽快赶来。
　　这天，湘生觉得精神很好，希望到江边走走。雅芳推着轮椅车，让湘生沿江一路看过去。迎面还有阵阵清风，吹在脸上格外惬意。

湘生说:"每一次回上海,都有不一样的体验和感受。"

雅芳说:"你还会回来许多次的。"

湘生说:"呵呵,愿望总是美好的。不过,我的人生还算圆满,我知足。"

雅芳说:"我也是。"

当天晚上,湘生的病情急转直下,等救护车将他送去医院,他已进入了弥留之际。湘生断断续续地嘱咐子如:"好好照顾你母亲……告诉她,是我……对不起她……"

这时,晓丽也赶到病床前,湘生抓住她的手说:"爸爸看不到你成家了……你也要……对妈妈好……听她的话……"

晓丽哇地大哭出来,喊道:"爸爸,我不要你走,你要坚持!"

湘生的嘴角又牵动了一下,眼睛在搜索。雅芳忙轻轻问道:"湘生,你还有什么未了的心愿,我会尽力替你办的。"

湘生用更加微弱的声音说:"我……多么希望……有来生……欠你的,只有下辈子……还了……"

雅芳感觉到湘生的手在一点点僵硬、冷却。他的双眼终于闭上了,脸上呈现出安详的神情。

毓晶和老魏都从旧金山赶来了,参加了湘生的葬礼。毓晶见身着黑衣的雅芳及晓丽站在后排,特意上前邀他们来到第一排的家属席位。老魏代表亲友致辞:"湘生走了,我不知道他回家了没有。对我们这些当年去往台湾的第二代外省人而言,真的是处处无家处处家。好在我们都已成年,希望能永远生活在一个和平的年代,再不会有颠沛流离,再没有那么多难以了却的乡愁!"

远在洛杉矶的如玉,正从梦中惊醒。她看到湘生,看到嘉善,他们都在天上向她招手。如玉默祷道:"孩子,你安心地走吧。过不了多久,妈就会来和你们团聚了。"

湘生的骨灰就埋在雅芳乡下别墅的院子里,上面种着棵树,将来树长大后,可能会有他的后人在此乘凉吧,正所谓"年年岁岁花相似,岁岁年年人不同"。树如是,人生亦如是。

岁月如诗

红尘仍在滚滚,绿水还是悠悠,
曾经拥有,也经历失落,
都留在烟云迷漫处。
那些梦,那些眷恋,
风景、过客、擦肩、回眸,
编织成的诗篇,
都将随我归于尘土。

走的那天,不希望你看到,
连背影都不要,
也许你会有些感伤,
但我连这一点点,

都不希望你有。

哭哭泣泣地来，
起起伏伏地过，
安安静静地走，
没有牵挂。
翻过这一生的日记，
全是白纸，什么都没留下。

生命如诗，岁月如诗，
你曾是我人生中最美的诗，
如今都将随风而逝，
只希望你能——
续写我的诗篇。

后　记

　　承蒙尔雅出版社隐地（柯青华）同学相携，将我十年前的旧作——长篇小说《六个女人在纽约》在台湾出版。此事引起了我再度执笔为文的意向。记得当时高雄有六名人犯劫持狱警，企图越狱并提出改善狱政的要求。当他们的图谋失败后，便集体自杀。这一结果引起了社会各界及媒体的广泛议论和反思，其中不少言论涉及外省（外省人组成的帮派）及与眷村的关系，更令我有了写作的冲动。

　　笔者出生于大陆，1949年随父母赴台。在台湾，如果父母是第一代外省人的话，那么笔者应是第二代外省人。笔者在台湾完成了小学、中学和大学教育，之后又随潮流赴美留学，并在那里就业、成家，历经四十载；又因一偶然机缘，再移居上海，现也已度过了十六个寒暑。笔者一生广交友人，见证了诸多世事兴衰，也目睹了人间不少悲欢离合，自觉写作的时日无多，决定以"第二代外省人"为题材，描述近几十年来华夏子孙在海峡两岸及美国所经历的社会变迁，以及所产生的影响。

　　笔者六十岁时始习写作，六十三岁搁笔不再为文，七十四岁因小说出版而再度执笔。本书的写作，前后用了近三个月时间，其间又三度重写，方成初稿。有感于年齿渐增，时不予我，唯盼读者诸君批评指教，以作为我完成此一系列作品的鞭策和动力。

张涤生

2019.1.18 于沪上待贾轩